W0041369

Dieses Buch ist meiner Mutter und meiner geliebten Frau Belen gewidmet. Meine Mutter glaubte immer an mich und half, wenn Not am Mann war. Belen brachte mich auf die Idee und motivierte mich mit liebevoller Zuwendung, meine Erfahrungen mit der Numerologie und den Mondzyklen zusammenzufassen und niederzuschreiben. Während dieser Arbeit brachte sie viel Geduld, Verständnis und Liebe auf. Ohne sie wäre es nicht entstanden.

Heinrich Heumann

Das richtige Timing im Leben

Die praktische Anwendung
von Numerologie
und Mondzyklen

WILHELM HEYNE VERLAG
MÜNCHEN

HEYNE ASTROLOGIE
14/417

Umwelthinweis:
Dieses Buch wurde auf
chlor- und säurefreiem Papier gedruckt.

Originalausgabe 10/2001
Copyright © 2001 by Wilhelm Heyne Verlag GmbH & Co. KG, München
http://www.heyne.de
Printed in Germany 2001
Redaktion: Susanne Backmund
Umschlagillustration: Tantra Design, Agentur Holl, Aachen
Umschlaggestaltung: Atelier Seidel, Altötting
Satz: Schaber Satz- und Datentechnik, Wels
Druck und Bindung: RMO, München

ISBN 3-453-19044-0

Inhalt

Vorwort:
Mein Weg zur Numerologie

Vielleicht haben Sie sich auch schon öfter gefragt, warum an manchen Tagen alles wie am Schnürchen läuft, während an anderen Tagen der »Wurm drin ist«, warum manche Vorhaben fast von selbst glücken – ohne übermäßige Anstrengungen – während andere, trotz bester Voraussetzungen, nicht aus den Startlöchern kommen und bald schon kläglich enden?

Eine solche Erfahrung führte mich zur Numerologie. Ich hatte mit einer tollen Idee, dem richtigen Know-how, dem nötigen Startkapital und den besten Beziehungen – also mit den besten Voraussetzungen – ein Geschäft begonnen, arbeitete voll Freude und Begeisterung und gab mein Bestes. Es half nichts. Nach zwei Jahren musste ich das Geschäft aufgeben. Mein Nachfolger dagegen hatte kaum Erfahrung, aber mehr Erfolg, und das mit weitaus weniger Aufwand. Ich fragte mich: »Woran liegt das?« Als ich bei Freunden Elisabeth-Maria Puchtler von Thurn, eine Expertin für Numerologie, kennen lernte und erlebte, wie sie für die Anwesenden Lebenszahlen, persönliche Jahresschwingungen und günstige Termine für einen Geschäftsbeginn, eine Heirat oder eine Reise errechnete, war ich fasziniert und dachte: »Das muss es sein!« Der Erfolg eines Vorhabens musste auch mit dem richtigen Zeitpunkt des Beginns in Zusammenhang stehen. Diese Begegnung war prägend für meinen weiteren Weg.

Aus dem Geburtsdatum und dem Namen jedes Menschen lassen sich persönliche Zahlen ermitteln, die wertvolle Hinweise über seine Persönlichkeit, seinen Lebensweg und sein Schicksal geben. Kennt man sein wahres Potenzial, seine Veranlagungen, Stärken und Schwächen, Talente, Fähigkeiten und Gewohnheiten, erkennt man auch seine Chancen und Möglichkeiten. Aber nicht nur das, mithilfe der Zahlenkunde lassen sich auch günstige Termine für viele Absichten ermitteln. Aufgrund dieser Erkenntnisse konnte ich nun feststellen, dass der Starttermin für mein Unternehmen denkbar ungünstig, der Beginn meines

Nachfolgers dagegen unbewusst glücklich gewählt war. Um sicher zu gehen, dass es sich bei dieser Feststellung nicht nur um einen Einzelfall handelte, errechnete ich die Daten aller wichtigen Stationen in meinem Leben und auch bei der Überprüfung von Daten in meinem Bekanntenkreis kam ich zu solchen Ergebnissen. Es wurde mir klar, dass zum Gelingen einer Absicht nicht nur die notwendigen Fähigkeiten und Hilfsmittel entscheidend sind, sondern auch die Wahl des geeigneten Termins für den Start.

Anfang Juli 1994 brach ich meine Zelte in Deutschland ab und zog in die Berge von Mindanao, im Süden der Philippinen. In einem entlegenen Tal, weitab von allem Trubel, gewann ich Abstand zur Hektik meines bisherigen Lebens, fand zu mir selbst und gewann inneren Frieden. Jetzt hatte ich Zeit, das zu tun, woran ich wirklich Freude habe und ich setzte meine Studien der Numerologie fort. Dabei erfuhr ich auch etwas über die Einflüsse des Mondes und der Planeten auf die Qualität der Zeit. Das Wissen über die Wirkung dieser Einflüsse ergänzt in idealer Weise die numerologische Berechnung bei der Ermittlung des richtigen Zeitpunkts. Zunächst für meine Freunde und Bekannten – und später auch für andere – erstellte ich Geburtsdaten- und Namensanalysen und ermittelte die geeignetsten Termine für viele ihrer Vorhaben. Nach und nach wurde der Kreis der Interessenten immer größer. Die frustrierenden Erfahrungen vieler Menschen, die ihr Vorhaben zur falschen Zeit gestartet haben, bestätigten mir immer wieder, wie entscheidend der richtige Zeitpunkt für den Beginn einer Unternehmung ist. Als ich nach vier erfahrungsreichen Jahren auf den Philippinen wieder nach München zurückkehrte, bildete sich auch hier bald ein großer Kreis an Interessenten. So wurde aus meiner Passion mein jetziger Beruf, bei dem ich Zufriedenheit und Erfüllung finde. Es macht mir Freude, mit der Ermittlung der günstigsten Termine zum guten Gelingen zahlreicher Vorhaben beizutragen und zu beobachten, welche Wandlung sich bei vielen Menschen vollzieht, wenn sie bei einer numerologischen Auswertung ihrer Daten etwas von den verborgenen Seiten ihres wahren Wesens erfahren und diese zu entfalten beginnen. Auch bei mir selbst hat diese Arbeit vieles verändert. Sie zeigt mir die Vielfalt des göttlichen Ausdrucks in uns Menschen und sie macht mich immer wieder darauf aufmerksam, wo es gilt, an mir zu arbeiten.

Drei Dinge haben mein Leben ganz wesentlich verändert. Zunächst die Überprüfung und Änderung meiner Einstellungen, Anschauungen und Verhaltensmuster. Ich habe gelernt, meinen Stolz zu überwinden, angebotene Hilfe anzunehmen wenn ich sie brauche und dafür dankbar zu sein, mich aber auch daran zu erinnern, wenn es mir möglich ist, anderen unter die Arme zu greifen. Die Umwelt als Spiegel meines Inneren zu sehen, hilft mir, meine inneren Veränderungen im Außen zu verfolgen. Das Gesetz der Zyklen, an das ich meine Lebensweise angepasst habe, ist der zweite Pfeiler meiner Philosophie, das Leben zu meistern. Seit ich mich auf meinen persönlichen Lebensrhythmus eingestimmt habe, verläuft mein Leben viel harmonischer. Die Verbindung zu meiner inneren Führung, als dritte Säule, ermöglicht es mir, die Leichtigkeit des Seins zu erfahren. Sich der inneren Führung anzuvertrauen heißt nicht etwa wunsch- und ziellos zu sein, sondern den uns vorgegebenen Weg zu gehen, an den wir durch unsere innere Stimme immer wieder erinnert werden. Wenn wir diesem Weg folgen, kann es sein, dass man uns manchmal nicht versteht, dass es vielleicht sogar zu Trennungen kommt und wir diesen Weg streckenweise alleine gehen müssen. Doch wenn wir für alles im Leben selbst die Verantwortung übernehmen und dabei auf die Stimme unseres Herzens hören, leben wir in Übereinstimmung mit den höheren Zielen. Das bedeutet authentisch zu sein und immer persönliches Wachstum. Durch die Numerologie habe ich erfahren wie wichtig es ist, etwas über unsere wahre Wesensart zu wissen – unsere Begabungen, Neigungen, Gewohnheiten und Ängste – und sich Zeit zu nehmen, um sich damit auseinanderzusetzen und das Beste daraus machen zu können. Wir sind unseres eigenen Glückes Schmied. Mit unseren Einstellungen, Gedanken und Handlungen setzen wir die Ursache, die wir in unserer Realität als Wirkung erfahren. Mit der Änderung meiner Einstellung zum Leben, dem Einstimmen auf das Gesetz der Zyklen und der Verbindung zu meiner inneren Führung kam wieder Licht in mein Dasein. Im Vertrauen darauf, dass alles zu unserem Besten geschieht, entstand Freude am eigenen Entfaltungsprozess, am Entdecken und Wachsen, Einsicht, die Dinge so anzunehmen wie sie sind und aus dieser Sicht zu handeln, um an meinem Platz und mit meinen Möglichkeiten mitzuhelfen, die Umstände zu verbessern. Ich wurde zu einem Glückskind.

Möge Ihnen dieses Buch Glück und Erfolg bringen, aber vor allem Anregung sein, mit Ihrer Zeit bewusster umzugehen, Mußestunden, Erholung und Besinnung in Ihr Leben einzuplanen, damit Balance und Harmonie vorherrschen.

Zeithaben ist ein Schlüssel,
der Türen ins Ungeahnte öffnet.
Verfasser unbekannt

Ich wünsche Ihnen viel Freude beim Lesen.

Juli 2001   Heinrich Heumann

Wir sind
die Schöpfer
unserer
Realität

Das Geheimnis des Erfolgs

Das größte Geheimnis aller erfolgreichen
Unternehmungen ist der Glaube daran,
dass es erreicht werden kann, wenn man nur will.

Aus: »Das Power-Prinzip« von Anthony Robbins

Sicher sind für den Erfolg mehrere Faktoren mitbestimmend, doch die Triebfeder dafür ist unsere Überzeugung, die den Willen zur Tat auslöst. Das, was wir annehmen oder glauben bestimmt unser Verhalten und unsere Handlungen, ob im positiven oder im negativen Sinn. Um wirklich erfolgreich handeln zu können, müssen wir immer wieder unsere Annahmen und Überzeugungen daraufhin überprüfen, ob sie auch beinhalten, was wir anstreben. Wenn wir felsenfest von etwas überzeugt sind, können wir nahezu alles erreichen. Der Glaube an uns selbst und unsere Ziele verleiht uns die Motivation und ungeahnte Kräfte, die uns befähigen, das scheinbar Unmögliche Wirklichkeit werden zu lassen. Wir wachsen mit und an unseren Aufgaben und dadurch oftmals über uns selbst hinaus. Was immer wir glauben, wird zu unserer Realität – und was immer uns möglich ist zu glauben, können wir dadurch zur Wirklichkeit werden lassen.

Alles, was Sie erreichen möchten, wird möglich dadurch, dass Sie es für möglich halten und versuchen. Sie dürfen nur nicht zulassen, dass sich Zweifel einschleichen, denn sie würden zu Pessimismus und Depression führen und eine Niederlage wäre nicht mehr fern. Zweifel sind für alle Vorhaben die ärgsten Feinde. Jeder Mensch kann nur das erreichen, wovon er überzeugt ist, dass er es erreichen kann. Selbstzweifel zerstören alle guten Vorsätze und Pläne. Doch wenn Sie an sich selbst glauben, kann Sie nichts mehr aufhalten!

Unsere Zweifel sind Verräter.
Sie bringen uns um den Gewinn, der schnell verloren,
wenn Angst uns hindert am Versuchen.

William Shakespeare

Für den Erfolg eines Vorhabens sind aber nicht nur unsere Einstellung, der Glaube an uns selbst, unsere Fähigkeiten und die entsprechende Vorbereitung entscheidend, auch der geeignete Zeitpunkt für den Beginn spielt eine maßgebliche Rolle. Wir haben alle schon erlebt, dass uns manches zu bestimmten Zeiten leicht von der Hand geht, während ein andermal nichts voran gehen will. Nehmen wir als Beispiel an, Sie haben wichtige Briefe, Gesuche oder Verträge zu formulieren, so gibt es dafür besonders begünstigte Tage und Stunden, in denen Sie inspiriert sind und die richtigen Worte finden. Aber nicht nur das, Sie haben auch mit dem, was Sie schreiben mehr Erfolg. Das Geschriebene hat eine andere Schwingung – das hängt mit der Qualität des Tages und der vorherrschenden Stunde sowie unserer eigenen Verfassung in dieser Zeit zusammen. Diese besondere Schwingung kommt auch beim Adressaten an; es ist wie eine Kommunikation von Herz zu Herz. Die Qualität des jeweiligen Zeitpunkts beeinflusst maßgeblich das Geschehen mit. Was immer wir zum rechten Zeitpunkt beginnen gelingt uns besser; es steht sozusagen unter einem glücklichen Stern.

Das Leben neu gestalten

Wenn Sie Ihr Leben verändern und neu gestalten wollen, müssen Sie damit bei sich selbst beginnen, indem Sie Ihre Einstellungen, Anschauungen, Gedanken und Verhaltensmuster überprüfen. Ihre Einstellung zu Menschen, Dingen und Situationen bestimmt Ihre Gedanken, Ihre Gefühle und daraus resultierend Ihr Verhalten. Ihr Verhalten beeinflusst wiederum die Einstellung und somit das Verhalten der Umwelt Ihnen gegenüber. In dieser Wechselwirkung vollzieht sich Schritt für Schritt die Entwicklung Ihrer Wirklichkeit. Die Realität im Außen ist ein Spiegelbild unseres Innenlebens, die unsere Einstellung und unser Verhalten zu Menschen und Umständen zeigt.

Ich habe die Erfahrung gemacht – an mir selbst und an anderen – dass wir oft Einstellungen, die uns sehr schaden, ungeprüft von unseren Mitmenschen übernehmen. Solche Einstellungen lauten z. B.: »So ist es nun einmal und daran kann man nichts ändern«, »Der kleine Mann ist immer der Verlierer«, »Was kann ein Einzelner schon ausrichten?« oder »Arm geboren, um arm zu sterben«, »Die wirtschaftliche oder politische Situation ist schuld an unseren Umständen«. Durch solche Überzeugungen entsteht Resignation, die lähmt und keine Veränderung zulässt. Indem wir andere für unsere Umstände verantwortlich machen, geben wir unsere Macht an sie ab. Wir fühlen uns hilflos und ohnmächtig etwas zu ändern. Dadurch schneiden wir uns von unserem Energiefluss ab und unsere Umstände verschlimmern sich immer mehr. Erst wenn wir unsere Denkweise ändern, verändert sich auch unsere Realität. Wenn wir für alles in unserem Leben selbst die Verantwortung übernehmen, merken wir erst, welche Macht wir besitzen unser Schicksal zu gestalten. Wir bekommen Vertrauen in das Leben und öffnen unseren Energiefluss. Mit der Änderung unserer Einstellung ändert sich unser Verhalten und auch unsere Umstände – unser ganzes Leben bekommt einen neuen Glanz.

Wir haben es selbst in der Hand

Unsere geistigen Kräfte sind das größte Geschenk des Universums; der Einsatz dieser Kräfte macht uns zu Schöpfern unserer Realität.

Ob jemand ein Glückspilz oder ein Pechvogel ist, hängt hauptsächlich von seinen Überzeugungen und seiner persönlichen Haltung sich selbst und dem Leben gegenüber ab. Nach dem Gesetz von Ursache und Wirkung sind die Umstände, in denen wir leben, das Ergebnis unserer Gedanken und Überzeugungen. Wir müssen erkennen, dass wir immer nur das ernten können, was wir gesät haben. Wenn unsere persönlichen Umstände in Disharmonie geraten sind, dann liegt das an unseren Gedanken, die diese Probleme verursacht haben. Man sagt oft: »Kleine Ursache, große Wirkung«. Es ist also an der Zeit, umzudenken und mit einer neuen Einstellung und entsprechenden Gedanken die gewünschte Saat zu legen! Indem wir darauf achten, was wir denken, können wir zum größten Teil vermeiden, dass wir unbewusst unerwünschte Ursachen setzen.

Ihre Überzeugungen bestimmen die Qualität Ihres Lebens.

Andrew Matthews

Letztendlich ist jeder selbst der Verursacher seines eigenen Schicksals. In dem Maße, wie sich unsere Einstellung zu Menschen und Situationen ändert, vollzieht sich auch ein Wandel in unserer Realität. Sicher bringen wir auch eine Vorlast in dieses Leben mit, den größten Teil unseres Schicksals produzieren wir jedoch bewusst oder unbewusst jetzt – mit unseren Gedanken und unserer Einstellung zum Leben. Da wir selbst die Ursachen setzen, sind wir auch selbst für unser Schicksal verantwortlich. So, wie wir mit unbedachten, schädlichen Gedanken unerwünschte Situationen schaffen, so ist es umgekehrt möglich, mit einer Änderung der Sichtweise auch einen Wandel unserer Lebensumstände herbeizuführen. Je eher wir damit beginnen, umso früher tritt die gewünschte Wirkung ein. Da wir alle über die Macht verfügen, unser Denken zu beherrschen, können wir unsere Denkweise jederzeit ändern und somit alle unerwünschten Umstände, die durch sie entstanden sind. Wir brauchen uns nicht mehr als Opfer des Lebens fühlen, weil wir es selbst in der Hand haben. Sobald wir eine positive Einstellung annehmen, findet auch in unseren Verhältnissen eine Wende zum Besseren statt. Leider kommen wir zu dieser Erkenntnis oft erst nach vielen schmerzvollen Erfahrungen. Um wie viel leichter könnte es sein, wenn wir das schon als Kind lernen würden.

Die Kraft der Gedanken

Gedanken, die wir nicht los werden,
werden unser Los!
Kurt Tepperwein

Gedanken sind eine Form von Energie. Da alles im Universum aus Energie besteht, ist alles mit allem verbunden. Das, was Agrippa von Nettesheim als Weltseele beschreibt, die alles erfüllt, alles durchströmt, alles in Zusammenhang bringt und miteinander verbindet, wird nach der Vorstellung des Biologen Rupert Sheldrake heute als morphogenetisches Feld bezeichnet. Vereinfacht dargestellt heißt das: alles kommuniziert mit allem. Wenn wir beispielsweise über jemanden mißgünstig denken, wird diese Energie bei der betreffenden Person – ihr selbst unbewusst – die

Einstellung uns gegenüber beeinflussen. Allzu häufig lassen wir unseren Gedanken unkontrolliert freien Lauf oder messen ihnen wenig Bedeutung bei. Alles was wir an Gedanken aussenden, kehrt irgendwann verstärkt als Wirkung zu uns zurück. Ist es etwas Positives, dann kommt es als freundliches Echo oder angenehme Wirkung wieder und erscheint uns möglicherweise als glückliche Fügung. War es aber etwas Negatives oder Hässliches, trifft es uns wie ein Bumerang und wir schimpfen es dann böses Schicksal und Unglück. Es liegt an uns selbst, ob wir Herrscher über unsere Gedanken sind oder uns von ihnen beherrschen lassen. Jederzeit sind wir frei in der Entscheidung, unsere Gedanken zu ändern. Die Freiheit im Denken und unsere Vorstellungskraft sind ein Geschenk des Himmels, das uns zu Schöpfern unserer Realität macht. Wir spielen immer die Rolle, die wir uns zuschreiben. Unsere Vorstellungskraft erlaubt uns, unsere Lebensgeschichte weitgehend mitzugestalten. Es liegt an uns, selbst die Regie in unserem Leben zu übernehmen und die Handlung mitzubestimmen.

Die Gedanken, die aus unserer Überzeugung entstehen, manifestieren sich als unsere Wirklichkeit. Die Energie eines jeden Gedankens hat die Bestrebung sich zu verwirklichen, egal ob es sich positiv oder negativ für uns auswirkt. Wenn wir also ziellos Energie aussenden, in Form von unkontrollierten Gedanken, werden uns auch scheinbar beliebige und zufällige Lebenserfahrungen überraschen. Wir ernten dann nur, was wir gesät haben. Es ist daher in unserem eigenen Interesse, die Gedanken zu kontrollieren und nur solche auszusenden, von denen wir wünschen, dass sie sich verwirklichen! Doch nicht nur auf unsere Gedanken sollten wir achten, sondern auch auf das, was wir sagen.

Sage nicht immer, was du weißt, aber wisse immer, was du sagst.

Autor unbekannt

Worte haben eine ganz besondere Kraft und wenn sie erst einmal ausgesprochen sind, kann man sie nicht mehr zurückholen. Worte können wie Pfeile sein oder aber wie Balsam für die Seele. Wir können mit Worten verletzen und Beziehungen zerstören; wir können damit aber auch verbinden, Freude, Lob und Trost spenden, versöhnen und heilen. Mit der bewussten Kontrolle und dem bedachten Einsatz Ihrer Gedanken und Worte nehmen Sie beträchtlichen Einfluss auf die Entwicklung Ihres Lebens.

Das Gesetz der Resonanz

Immer ziehen wir die Menschen und Umstände an, für die wir resonanzfähig sind. Diese dienen uns als Spiegel, damit wir unsere eigene innere Welt, unsere Anschauungen und unser eigenes Verhalten erkennen. Die Umstände in unserem Leben präsentieren sich als Spiegelbild unseres Inneren, damit wir bemerken, was es bei uns selbst zu verbessern gilt. Alles, was Ihnen also an anderen auffällt, ist auch in Ihnen vorhanden. Es erregt Ihre Aufmerksamkeit, weil diese Dinge auch in Ihnen schwingen und somit Resonanz erzeugen. Die Eigenschaften, Fähigkeiten und Talente, die Sie bei anderen bewundern und beneiden, warten nur darauf, in Ihnen entdeckt und aktiviert zu werden. Alles, was Sie an Ihren Mitmenschen stört und missfällt, will Sie aufmerksam machen auf das, was Sie bei sich selbst nicht sehen. Sie sollten daher hinterfragen, in welchen Bereichen diese Dinge Resonanz in Ihnen auslösen. So können Sie Ihre jeweiligen Situationen als Chance, ja sogar als Geschenk betrachten und jederzeit daran gehen, sie zu verbessern.

> *Jeder Mensch kann uns als Spiegel dienen,*
> *in dem wir alle Fehler und Mängel erblicken, die in uns*
> *sind. Wir handeln jedoch meistens wie ein Hund,*
> *der den Spiegel anbellt, weil er glaubt, dort nicht sich,*
> *sondern einen anderen Hund zu erblicken.*
>
> Leo Tolstoi

Seit ich begonnen habe, Begegnungen, Situationen und Ereignisse aus dieser Perspektive zu betrachten, empfinde ich die Umstände in meinem Leben nicht mehr als Schicksalsschläge oder Strafe Gottes, sondern als nützliche Hinweise und Hilfestellung. Jetzt sehe ich auch meine Mitmenschen in einem anderen Licht. Nicht immer finden wir sofort heraus, was uns eine unangenehme Situation sagen will oder weshalb unschönes Verhalten anderer bei uns selbst Resonanz auslöst.

Deshalb wiederholen sich auch manche Umstände so lange, bis wir mit der Nase darauf stoßen. Dann brauchen wir uns nicht zu fragen: »Warum passiert das gerade immer wieder mir?«, sondern: »Was habe ich daraus zu lernen?«

Verbindung zur inneren Führung

Die zunehmende Lautstärke im Alltag macht das Leben nicht leichter. Bei all dem Lärm und der Hektik laufen wir Gefahr, uns selbst nicht mehr zu hören und uns selbst zu verpassen. Alles drängt sich uns auf, jeder hält sich für den Wichtigsten und will bevorzugt behandelt werden. Pflichten, Wünsche und Bitten von Familie und Freunden, Aufgaben und Forderungen im Beruf setzen uns unter Druck. In die Stille zu gehen und uns mit der inneren Führung zu verbinden, hilft uns, all das zu erkennen, was wir sonst in der Hektik des Alltags übersehen. Wenn wir uns öfter Ruhepausen gönnen, uns zurückziehen und so zu den unzähligen Einflüssen des Tages Abstand gewinnen, finden wir zu uns selbst. Damit stimmen wir uns auf unseren eigenen Lebensrhythmus ein und kommen in Verbindung mit einer höheren Ordnung. Wir erkennen, was wirklich zählt und für uns wichtig ist.

Durch die Verbindung zu meiner inneren Führung erfahre ich die Leichtigkeit des Seins. Aus der Gewissheit, dass alles zu meinem Besten gedacht ist, entwickelt sich Vertrauen und eine innere Sicherheit. Das heißt nicht etwa, dass ich jetzt keine Hindernisse und Schwierigkeiten mehr zu überwinden hätte, ich gehe sie nur leichteren Herzens an. Ich vertraue der inneren Führung und weiß, dass mir immer Hilfe zuteil wird, wenn ich sie benötige. Da Probleme die Aufgaben darstellen, die wir zu lösen haben, stelle ich mich der Herausforderung und arbeite bewusst an meinem Wachstum.

Sie können sich über Ihre Probleme und Schwierigkeiten ärgern – was Sie nicht weiterbringt – oder sie wie Päckchen ansehen, die für Sie Geschenke enthalten. Wenn Sie neugierig wie ein Kind an Ihre Päckchen herangehen und entschlossen Ihre Probleme anpacken, um herauszufinden, welches Geschenk darin steckt, werden Sie reich belohnt, denn das Leben beschenkt Sie mit wertvollen Erfahrungen und Erkenntnissen sowie erfüllenden Erlebnissen. Die Verbindung zur inneren Führung gibt Ihnen Kraft und Zuversicht, um den Herausforderungen gewachsen zu sein und alle Schwierigkeiten meistern zu können.

Unsichtbare Helfer

Mit der Verbindung zu unserer eigenen Mitte mobilisieren wir viele unsichtbare Helfer, die schon immer für uns bereit standen. Früher war ich häufig völlig aufgelöst, wenn ich ein Problem nicht in den Griff bekommen konnte. Heute wende ich mich damit an meine geistigen Helfer. Oft geschehen dann seltsame Dinge, durch die ich auf wundervolle Weise zur Lösung geführt werde: Jemand, der von dem Problem gar nichts weiß, erzählt mir genau das, was ich brauche, oder mein Blick fällt zufällig auf einen weggeworfenen Prospekt, in dem ich einen Hinweis finde, ich entdecke bei einem Spaziergang in einem Schaufenster ein Buch, das mich weiterbringt oder es durchfährt mich aus heiterem Himmel ein Gedankenblitz mit der Lösung. Manchmal kommt die Lösung auch ganz allmählich Stück für Stück, wie bei einem Puzzle.

Wenn ich mich in eine schwierige Situation verstrickt habe oder in einer kniffeligen Sache keine Lösung finden kann, bitte ich stets meine unsichtbaren Helfer um Hilfe. Und jedes Mal bin ich wieder erstaunt, wie genial einfach sich dann alles löst. Das heißt nicht etwa, dass sie mir die Arbeit abnehmen und ich selbst nichts mehr dazu tun muss, sondern dass es mir aufgrund ihrer Hinweise leichter fällt, die richtige Entscheidung zu treffen und das Notwendige in Gang zu setzen. Wenn wir uns vertrauensvoll an unsere liebevollen Begleiter wenden, erhalten wir immer den benötigten Beistand. Sie finden immer einen Weg, uns die Antwort auf unsere Fragen sichtbar zu machen oder uns die erbetene Hilfe zuteil werden zu lassen. Mit dieser Hilfe fällt es uns leichter, alle Hindernisse zu überwinden. Je mehr wir uns auf diese »Zusammenarbeit« einlassen, umso inniger wird das Verhältnis. Vielleicht ist meine Vorstellung von den geistigen Helfern etwas kindlich, denn ich glaube, dass sie sich darüber freuen, wenn wir sie rufen. Ob es sich nun so verhält oder nicht, ist letztlich nicht entscheidend – wichtig ist nur, dass es funktioniert. Wir müssen es uns nicht unnötig schwer machen, wenn uns solche Hilfe zur

Verfügung steht. Manchmal ergeht es uns in verfahrenen Situationen ähnlich wie bei einer körperlichen Behinderung. Wir sind in unserer Handlungsfähigkeit eingeschränkt und fühlen uns hilflos. Doch wir sind nicht ohne Hilfe. Unsere unsichtbaren Helfer sind immer für uns da. Wir brauchen sie nur darum zu bitten.

Das, was unseren Mitmenschen gegenüber selbstverständlich sein sollte, gilt in ganz besonderem Maß unseren liebevollen Begleitern gegenüber. Wenn wir uns mit unseren Anliegen ehrlichen Herzens an unsere unsichtbaren Helfern wenden, können wir immer mit ihrer Hilfe rechnen. Je inniger wir diese Beziehung pflegen, desto besser funktioniert sie.

Das Leben meint es immer gut mit uns

Oft ist es schwer für uns, das zu erkennen. Aber selbst wenn uns schmerzvolle Erlebnisse widerfahren, sind diese zu unserem Besten. Denn gerade durch die Bewältigung solcher Erfahrungen wachsen wir am meisten. Das Leben ist sehr liebevoll und aufmerksam. Es bringt uns stets in Situationen, die für unser spirituelles Wachstum wichtig sind und führt uns mit Menschen zusammen, die wir gerade brauchen und die uns weiterhelfen können. Wir bekommen immer nur die Lektionen und Aufgaben gestellt, für die wir die Kraft und Fähigkeiten haben sie zu meistern, und sie werden uns immer zur rechten Zeit sowie am richtigen Ort erteilt. Indem wir alles, was uns widerfährt als Lektion auffassen, die unserem Wachstum dient und uns auf die Dauer stärker, weiser und vollständiger macht, gehen wir mit dem Leben, statt uns dagegen zu stemmen. Alles ist zu unserem Besten, wenn wir richtigen Gebrauch davon machen. Das ist uns jedoch in der jeweiligen Situation meist nicht bewusst. Oft erst nach vielen Jahren ergeben die Ereignisse – ob schöne oder schmerzhafte – wie bei einem Puzzle ein Gesamtbild und man erkennt darin den Sinn. Wir sehen aber auch, wie liebevoll und genial das Leben alles eingefädelt hat, damit wir die manchmal bitteren Pillen geschluckt haben. Plötzlich wird uns klar, dass viele schöne Erlebnisse und Umstände erst möglich wurden, weil zuvor etwas anderes zu Ende ging und Platz machte für das Neue. Manchmal muss uns das Leben erst einen Anstoß geben oder gar zu unserem Glück zwingen. Wenn wir uns den Erfahrungen im Leben öffnen, statt Widerstand zu leisten, geht alles etwas leichter und wir leben erfüllter.

Es ist sinnlos, dem Schicksal zu grollen;
denn es nimmt keine Klagen an.

Marc Aurel

Zyklen – der Atem des Universums

Alles im Universum ist eine Form von Energie und unterliegt dem Gesetz der Zyklen. Mit unterschiedlicher Geschwindigkeit pulsieren verschiedene Arten von Energie und durchlaufen immer wieder die gleichen Rhythmen. Es gibt solche, die langsam ansteigen und lange Zeit brauchen bis sie einen Höhepunkt erreichen. Diese ebben auch nur ganz allmählich wieder ab. Andere werden durch einen dramatischen Impuls ausgelöst, leuchten auf wie ein Feuerwerk und verlöschen ebenso schnell. Wieder andere kommen rasch voran, halten sich lange auf einem Höhepunkt und fallen dann rapide ab.

Zyklen bestimmen das Leben der Menschen: Einatmen und Ausatmen, der Kreislauf der Jahreszeiten, des zu- und abnehmenden Mondes, von Tag und Nacht, Ebbe und Flut, Werden und Vergehen, Aufstieg und Niedergang – und vielleicht erneuter Aufstieg, wenn Umstände und Zeitpunkt günstig sind. Das gilt für einfache Menschen ebenso wie für gefeierte Persönlichkeiten, Unternehmen, Regierungen, Kulturen oder Religionen. Wie in der Natur gibt es für den Menschen aktive und passive, aufsteigende und abfallende Phasen, Zeiten zum Handeln und Zeiten zum Ruhen.

Jeder von uns hat seinen eigenen Lebenszyklus

Abgesehen von den universalen Zyklen und den Rhythmen der Natur verläuft unser Leben noch nach weiteren Zyklen. Einer davon ist der Siebenjahreszyklus, in dessen Verlauf sich unsere Zellen gänzlich erneuern; ein anderer ist unser persönlicher Lebenszyklus, der neun Jahre dauert und sich immer wieder in diesem Rhythmus wiederholt. Dieser wirkt auf unsere äußeren Umstände sowie unser spirituelles Wachstum. Der unterschiedliche Verlauf von Lebenszyklen kann z. B. bewirken, dass verschiedene Menschen unterschiedliche Erfahrungen mit der gleichen Sache machen. Während z. B. eine Person im ersten Jahr ihres Neunjahreszyklus mit einem Vorhaben Erfolg hat, kann eine andere Person, die sich im achten oder neunten Jahr ihres Lebenszyklus befindet, mit demselben Vorhaben scheitern, obwohl ansonsten die gleichen Voraussetzungen erfüllt sind.

Mit jedem neuen Neunjahreszyklus werden uns viele Gelegenheiten geboten, durch die wir auf eine höhere Ebene unserer Bewusstseinsspirale gelangen können. Stellen wir uns den Herausforderungen, die in dieser Zeit auf uns zukommen und lösen sie, so ergeben sich weiter neue Möglichkeiten, die unserem Wachstum dienen. Ignorieren wir jedoch diese Umstände, kämpfen wir dagegen an oder reagieren völlig unverhältnismäßig darauf, geraten wir immer wieder in ähnliche Situationen, bis wir die Lektion gelernt haben. Es ist deshalb sehr vorteilhaft, sich über diesen Zyklus im Klaren zu sein. Wenn wir wissen, welche Bedeutung die einzelnen Jahre und Monate innerhalb dieses Zyklus haben, können wir uns rechtzeitig darauf einstellen und erkennen in den jeweiligen Problemen unsere Aufgaben. Indem wir bewusst die Herausforderungen annehmen und uns den auftretenden Schwierigkeiten stellen, fällt es uns leichter das Leben zu meistern und in unserer Entwicklung voranzuschreiten.

Mit den Zyklen fließen

Wenn Sie sich auf die Zyklen einstimmen und mit ihnen fließen, werden Sie bald merken, dass Sie leichter vorankommen. Sie verschwenden nicht mehr länger Ihre Energie, um unnötige Widerstände zu überwinden, sondern können alle Energie auf Ihre Aktivitäten konzentrieren. Indem Sie zu gegebener Zeit Rückzug, Entspannung und Kontemplation zulassen, verlieren Sie nicht etwa Zeit, sondern gehen gestärkt daraus hervor und können dadurch wirkungsvoller mit Ihren Absichten fortfahren. Es ist sinnvoller, Kraft zu schöpfen, wenn die Zeit es erfordert, denn Sie würden dann sowieso nur auf der Stelle treten. Je mehr Sie sich auf die Rhythmen des Lebens einlassen, desto stärker entwickelt sich Ihr Gefühl für die Qualität der Zeit. Sie bekommen einen besseren Zugang zu Ihrer Intuition und werden sensibel für den richtigen Zeitpunkt.

So entscheidend wie Ihre Einstellung, Ihre Talente und Fähigkeiten den Erfolg einer Unternehmung beeinflussen, so wichtig ist auch die Wahl des richtigen Augenblicks. Für den Beginn eines Vorhabens sind die Einflüsse der Planeten und des Mondes prägend. Die spezifische Energie eines Moments trägt, je nach Konstellation – positiv oder negativ – maßgeblich zum Gelingen oder Scheitern einer Absicht bei. Im Einklang mit Ihrem Lebenszyklus und dem positiven Rhythmus dieser Welt ziehen Sie daraus den größten Vorteil und können wichtige Vorhaben leichter und erfolgreicher verwirklichen.

Die Qualität der Zeit

Die Zeit hat nicht nur eine Quantität, sondern auch eine Qualität. So gibt es für alles die günstigste und die ungünstigste Zeit. Dieser Aspekt ist in unserer hektischen Zeit fast ganz auf der Strecke geblieben. Da die Zeit innerhalb der Zyklen eine unterschiedliche Qualität hat, ist es von entscheidender Bedeutung, zu welchem Zeitpunkt etwas geschieht. Manche Zyklen kann man mit Wellen vergleichen, den Zeitpunkt mit einer bestimmten Stelle auf der Welle und das Ereignis mit einem Boot. Ein erfahrener Skipper passt sich geschickt den Wellen an. Er weiß, wann er – bei der Bergfahrt, auf dem Wellengipfel und der Talfahrt – was tun muss, um den Wellenrhythmus richtig zu nutzen und erfolgreich ans Ziel zu kommen. Ein Bootsführer, der unerfahren oder unwissend ist, wird damit zu kämpfen haben oder gar scheitern. Für einen Skipper oder Kapitän ist die Kenntnis der Naturgesetze ebenso wichtig wie ein gutes Schiff und die Fähigkeit, es zu navigieren. So wie bei einem Segeltörn oder einer Schiffsreise sind auch im täglichen Leben nicht nur unsere Fähigkeiten und Hilfsmittel entscheidend für den Erfolg eines Vorhabens, sondern ebenso die Kenntnis vom richtigen Zeitpunkt zum Handeln. Ideen oder

Absichten, die während einer Periode mit einer aufsteigenden Energie entstehen, werden von ihrer Dynamik begünstigt und der Vollendung regelrecht entgegengetragen.

Bei Erfolg, Beruf und Karriere spricht man oft davon, »nach oben zu kommen«. Für alles, was vorangetrieben und aufwärts gehen soll, ist die beste Zeit für den Start der Zeitpunkt, dem die aufsteigende Kraft eines Zyklus innewohnt. Dagegen haben Ideen und Unternehmungen, die am Ende eines Zyklus begonnen werden, nur wenig Wirkung und kaum eine Chance zur Verwirklichung. Ist ein Zyklus bereits absteigend, ist es besser, mit einem Vorhaben zu warten, bis wieder ein günstigerer Zeitpunkt eintritt. Nichts ist so frustrierend wie das negative Ergebnis einer Erfolg versprechenden Unternehmung, die zum falschen Zeitpunkt gestartet wurde.

Wir können den Wind nicht ändern, aber die Segel richtig setzen.

Aus: Motivationsideen

Zeit ist ein wertvolles Gut

Alles wird immer schneller und hektischer. Es scheint, als wäre die Beschleunigung das höchste Ziel dieser Welt. Nur schnell, schnell, keine Zeit verlieren. Gewinner ist, wer als Erster im Stau steht? Wer hat eigentlich zu bestimmen, wie schnell es in unserem Leben gehen muss? Jedem von uns steht es frei, wie er seine Zeit nutzt und ausfüllt. Wir können aus diesem Leben nichts mitnehmen – außer Erfahrungen und Erkenntnisse. So gesehen verlieren viele Dinge, die uns groß und wichtig erscheinen, an Gewicht und es entstehen andere Prioritäten. Zunehmend mehr Menschen ist es heute wichtiger, Freude und Erfüllung in ihrer Arbeit zu finden, als Geld und Besitz hinterher zu rennen, Zeit für Muße, Kontemplation, Meditation, für sich selbst und seine Mitmenschen zu finden, statt sich die Zeit von diversen Freizeitvergnügen rauben zu lassen. Bitte verstehen Sie mich nicht falsch. Natürlich gehören Wohlstand und Fülle in unser Leben. Materieller Wohlstand ermöglicht es uns ebenso, Erfahrungen und Erkenntnisse zu gewinnen, die unserem spirituellen Wachstum dienen. Außerdem ist es leichter, anderen zu helfen oder sie zu motivieren, wenn es einem selbst gut geht und man nicht »am Hungertuch nagt«. Entscheidend ist, dass man sich nicht zu Sklaven von Besitztum und Erlebnishunger macht. Die Kunst liegt darin, die Mitte zu finden – die richtige Balance zwischen Arbeit und Freizeit, zwischen Aktiv- und Ruhephasen, zwischen dem Innen und dem Außen.

Zeit ist kostbar, denn sie steht uns nur in begrenztem Umfang zur Verfügung. Doch meist sind wir uns dessen nicht bewusst und gehen sehr verschwenderisch damit um. Viele Menschen füllen ihr Leben übervoll mit Aktivitäten – aus Angst, etwas zu verpassen. Die Aufmerksamkeit gilt daher in erster Linie der Quantität der Zeit. So bleibt den Menschen mit zu viel Aktivität kaum noch Zeit zum »Verschnaufen«, Zeit für Ruhe, Entspannung oder Mußestunden, Zeit, um jemandem zuzuhören, Zeit für die einfachen Freuden des Lebens. Oft wird Lebensqualität zugunsten eines vermeintlichen »Erlebnisrausches« geopfert. Die Menschen hetzen der Zeit hinterher, doch sie zerrinnt ihnen wie Sand zwischen den Fingern. Soweit sollten wir es nicht kommen lassen, denn wir alle haben so viel Zeit, wie wir uns zubilligen.

Zeit für sich selbst

Ich kann dem Leben nicht mehr Tage geben,
aber dem Tag mehr Leben.
Verfasser unbekannt

Wie können Sie die zunehmende Beschleunigung in Ihrem Leben etwas verringern? Vielleicht, indem Sie nicht wie üblich schnell noch dieses und jenes tun, bevor Sie wieder losrennen, sondern sich Zeit nehmen: sich z. B. in Ruhe liebevoll eine Tasse Tee oder Kaffee zubereiten, auf der Couch für ein paar Minuten ausruhen und entspannender Musik lauschen oder sich ans Fenster setzen, den Sonnenschein genießen und das rastlose Hin und Her der vorbeifahrenden Autos beobachten, um sich klar zu werden, wie es Ihnen selbst geht. Vielleicht nehmen Sie aber lieber ein Bad, lehnen sich zurück und versetzen sich in Gedanken an einen wunderschönen Ort am Meer und verweilen in der Vorstellung unter Palmen am herrlichen Sandstrand einer türkisfarbenen Lagune. Danach fühlen Sie sich bestimmt wieder milde gestimmt, gelassen, inspiriert und voller neuer Ideen. Solche Augenblicke der Entspannung erinnern uns an die schönen Seiten des Lebens; wir lernen wieder, in Ruhe zu genießen und verlieren die eigenen Ziele nicht aus den Augen. So schaffen wir uns kleine Oasen in der Hektik des Lebens und finden eine wohlige Anregung, durch die wir uns mit neuen Kräften an die wichtigen Dinge wagen können. Die Zeit so zu nutzen, als wäre jeder Tag der letzte, veranlaßt dazu, nur das zu tun, was wirklich wichtig ist und das, woran wir Freude empfinden. Wenn wir uns auf die Qualität der Zeit einlassen und das tun, was gerade angebracht ist, erhöht sich unsere Lebensqualität.

Der richtige Zeitpunkt ist entscheidend

Ein Jegliches hat seine Zeit und alles
Vorhaben unter dem Himmel hat seine Stunde.
Prediger Salome 3.1

Wie schon eingangs erwähnt, tragen unsere Einstellung, der Glaube an uns selbst, sowie unsere Fähigkeiten und die entsprechende Vorbereitung wesentlich zum Erfolg einer Absicht bei. Wir können jedoch noch so positiv eingestellt an ein Vorhaben herangehen, wenn dieses aber in einem ungünstigen Moment begonnen wird, hat es keine Chance, voranzukommen.

Es ist von entscheidender Bedeutung, zu welchem Zeitpunkt etwas in unser Leben tritt oder wann wir etwas beginnen. Ein Projekt, das im richtigen Moment gestartet wird, trägt der »Aufwind des Zyklus« nach oben zum Erfolg. Ein falsch gewählter Termin für den Beginn einer Absicht kann die besten Aussichten zunichte machen. Die Energie des jeweiligen Zeitpunkts ist bestimmend für den glücklichen Ausgang oder das Scheitern eines Vorhabens.

Wenn Sie Ihren Lebenszyklus kennen und wissen, welcher Termin für welche Unternehmung geeignet ist, können Sie sich manchen Fehlschlag ersparen. Indem Sie sich auf Ihren eigenen Rhythmus einstimmen und die Energiezyklen richtig nutzen, vermeiden Sie unnötige Widerstände und Hindernisse. Ihr Leben wird leichter und erfolgreicher. Sie können die Zeit eines niedergehenden Zyklus dazu nutzen, sich auszuruhen, zu erholen und sich nach innen zu wenden. Dadurch schöpfen Sie Kraft und sind gut vorbereitet auf die nächste Welle des Aufstiegs. Der Schwung der aufsteigenden Energie wird Ihre Pläne und Vorhaben beschleunigen und schneller der Verwirklichung zuführen. So können Sie Ihre Ziele mit weniger Aufwand schneller erreichen. Jeder Zeitpunkt hat seine eigene Qualität. Immer kommt es darauf an, das Richtige auch zum richtigen Zeitpunkt zu tun.

Der Einfluss des Mondes und der Planeten auf unsere Beziehungen

Ob unsere Partnerschaft gelingt oder scheitert, hängt in erster Linie von uns selbst ab. Unsere Beziehungen bieten uns immer die Möglichkeit voneinander zu lernen und miteinander zu wachsen. Wir geraten immer an Partner, mit denen wir Gelegenheit bekommen, bestimmte Themen zu bewältigen. Wir finden zueinander, um Freude zu erleben und gemeinsam die für uns vorgesehenen Aufgaben zu lösen. Einer ist des anderen Lehrer und Schüler zugleich, und einer kann dem anderen helfen. Auf den Philippinen konnte ich beobachten, wie bei Paaren, die von ihren Eltern verheiratet wurden, durch Achtung, Respekt und Verständnis dem anderen gegenüber im Laufe der Zeit eine aufrichtige Liebe erblühte. Demgegenüber sah ich auch, wie das Fehlen dieser Eigenschaften die Flammen der Liebe zum Ersticken brachten. Man sagt: kleine Ursache, große Wirkung. Oft sind es kleine Schwindeleien, die großen Ärger verursachen und entzweien können. Ehrlichkeit schafft Vertrauen und das gilt für alle zwischenmenschlichen Beziehungen.

Unsere Partner – ob in einer Liebes- oder Geschäftsbeziehung – dienen uns auch als Spiegel. Bei ihnen sehen wir am schnellsten, wie sich unserer Einstellung und das daraus resultierende Verhalten auswirkt. Wir ziehen nur die Menschen an, mit denen wir etwas gemeinsam haben. Das heißt Gleiches zieht Gleiches an. Jeder Partner bringt die Eigenschaften mit in die Beziehung, mit denen unsere Aufgaben zu tun haben. So gesehen ist der Partner, mit dem wir es gerade zu tun haben, immer der richtige. Es kommt also darauf an, was wir aus dieser Beziehung ma-

chen. Die Liebe soll uns Freude bringen und die gemeinsame Bewältigung dieser Aufgaben erleichtern. Wenn es uns nicht gelingt, unsere Lektionen mit diesem Partner zu lernen, bekommen wir sie – bei einem anderen – »in anderer Verpackung« erneut vorgesetzt.

*Wenn wir eine Beziehung als Entwicklungsprozess
mit Höhen und Tiefen begreifen, in dessen
Verlauf wir etwas lernen, reifen und uns gegenseitig
unterstützen müssen, dann können wir unsre
Partnerschaft als eine anspruchsvolle
Form des spirituellen Trainings auffassen.*

Dan Millman

Indirekt wirken aber auch der Mond und die Planeten auf unsere Beziehungen. Zwar ist jeder Einzelne davon betroffen, je nach Veranlagung
reagieren wir jedoch unterschiedlich auf diese Einflüsse. Es wäre über-
trieben, Beziehungen nach dem Mond auszurichten, doch es ist hilfreich, dessen möglichen Einfluss zu kennen. So gibt es Tage, an denen
wir aufgrund der Einflüsse von Mond und Planeten besonders aggressiv
reagieren, uns schnell an Kleinigkeiten entzünden und Streit fast vorpro-
grammiert ist. An solchen Tagen ist es ratsam, sich etwas im Zaum zu halten. Es ist einleuchtend, dass sich diese Tage nicht dazu eignen, heikle
Themen zu klären oder eine Versöhnung herbeizuführen. Wesentlich
sinnvoller ist es, dazu Tage mit einer harmonischen und versöhnlichen
Stimmung zu wählen. Mit dem Wissen über die Qualität der Zeit können
wir unnötigen Zwist vermeiden und günstige Tage zur Festigung unserer
Beziehungen nutzen.

Numerologie –
Zahlen, die
Ihre Lebens-
bestimmung
offenbaren

Die Lehre der Zahlen und ihre Bedeutung

*Bei der Geburt geben uns unsere Eltern einen Namen;
das Universum gibt uns eine Zahl.*

Aus: »Die Lebenszahl als Lebensweg« von Dan Millman

In der Numerologie geht man davon aus, dass unser Geburtsdatum und unser Name einen Einfluss auf unser Wesen und den Verlauf unseres Lebens haben. Name und Geburtsdatum geben Aufschluss über den Charakter eines Menschen, decken seine geheimsten Ängste auf, seine Blockaden, sagen etwas über seine Gewohnheiten und Beweggründe, Aufgaben, seinen Lebensweg und sein Schicksal. Eine numerologische Geburtsdaten- und kabbalistische Namensanalyse legt unsere ganz verborgenen Wesenszüge offen, zeigt uns aber auch unser verstecktes Potenzial, in dem unsere Talente, Fähigkeiten, unsere Aufgaben, Chancen und Risiken liegen. Diese Zahlen sind der goldene Schlüssel zu unserer Lebensbestimmung und unserer Seele. Wenn wir uns selbst erkennen, können wir unser Potenzial besser ausschöpfen, Mängel ausgleichen und unser Wachstum fördern. Numerologen sind der Überzeugung, dass uns der tiefere Sinn der Symbolhaftigkeit der Zahlen auch als Wegweiser zu kosmischen Ereignissen dienen kann. Und noch etwas anderes kann man im Zusammenhang mit den Geburtsdaten eines jeden Menschen feststellen: es ist möglich, die günstigsten Termine für viele seiner Absichten und Ziele zu ermitteln.

Numerologie hat eine alte Tradition. Viele Mystiker, Philosophen und holistische Denker widmeten sich ihrem Studium. Lange Zeit wurde angenommen, der Philosoph und Mathematiker Pythagoras sei der geistige Vater. Es gibt jedoch Hinweise, dass bereits viel früher die Lehre von den Zahlen von Ägyptern, Sumerern, Chinesen und Phöniziern angewandt wurde. Am meisten beeinflusste jedoch Pythagoras, der etwa 600 v. Chr. geboren wurde, unser heute verwendetes Zahlensystem. Pythagoras erfasste viele Facetten des menschlichen Bewusstseins zugleich und sprach von Zyklen, Mustern und Energiewellen, die lange vor Anbeginn der Menschen existiert haben. Er widmete sich dem Studium der Zahlen und entdeckte deren mystische Bedeutung. Pythagoras stellte die Zahlen von eins bis neun als universale Prinzipien dar, nach denen sich alle Dinge entwickeln und zyklisch wachsen. Danach symbolisieren diese neun Zahlen auch die Entwicklungsstufen, die ein Gedanke durchlaufen muss, um sich zu verwirklichen. Pythagoras war der Ansicht, dass die Zahlen der Schlüssel sind, um im Chaos eine universale Ordnung zu erkennen.

Unser Geburtsdatum als Wegweiser

Zu wissen, was man zu erwarten hat,
heißt, dieses Wissen für das
eigene Wachstum nutzen zu können.

Lynn Buess

Aus unserem Geburtsdatum ergibt sich unsere Lebenszahl, die uns bedeutende und verlässliche Informationen über unsere Persönlichkeit gibt und Aufschluss über unsere Lebensbestimmung. Sie zeigt uns, welche spirituelle Entwicklung und Lebensaufgaben wir für diese Inkarnation gewählt haben, welche Talente und Fähigkeiten, Stärken und Schwächen uns zu eigen sind. Dieses Wissen kann uns bei vielem eine wertvolle Hilfe sein – z. B. bei der Berufswahl. Kennen wir einmal unsere wahren Veranlagungen sowie unsere Lebensaufgabe, haben wir es selbst in der Hand, Meister unseres Schicksals zu werden.

Es ist faszinierend, aufgrund von Namen und Geburtsdaten die Wesensart eines Menschen zu erfahren. Immer wieder erlebe ich, wie überrascht, ja oft fast ungläubig die Menschen die Beschreibung Ihres wahren Wesens betrachten. Doch wenn sie beginnen, sich selbst zu entdecken und ihr verstecktes Potenzial zu aktivieren, geschieht etwas Wunderbares. Es ist, als würden diese Menschen zu neuem Leben erwachen. Es erfüllt sie mit Freude, ihre unbekannten Seiten zu entdecken und zu leben. Schritt für Schritt vollzieht sich eine Wandlung, die zur Änderung von Gewohnheiten, Lebensstil, Umgebung und Umständen führt, oft sogar zur Änderung des Berufes und des ganzen Lebens. Es erfüllt mich immer mit Freude, eine solche Wandlung mitzuerleben. Aber auch bei mir selbst veränderte sich vieles. Meine Arbeit zeigt mir die verborgenen Wesensanteile der Menschen und dadurch erscheinen sie mir in einem anderen Licht. Oft ertappe ich mich dabei, dass ich, wenn ich in öffentlichen Verkehrsmitteln oder an anderen Orten vielen Menschen begegne, frage: »Was mögen wohl in all diesen Leuten für unentdeckte Qualitäten schlummern oder verborgene Ängste stecken, die sie daran hindern, ihre wahre Schönheit zu leben. Wie würden sie sich verändern, wenn sie etwas über ihre wahre Wesensart und Lebensbestimmung wüssten?« Sie sind dann für mich nicht mehr nur Fremde, sondern Seelen, die ebenfalls auf der Suche sind.

Auf die Berechnungen der Lebens-, Seelen-, Persönlichkeits-, Berufszahl und so weiter, die das persönliche Potenzial individuell aufdecken, will ich hier nicht eingehen. Es gibt eine Reihe von Büchern, die das ausführlich behandeln. Einige davon sind im Quellenhinweis aufgeführt. Wenn Sie gerne mehr über Numerologie erfahren möchten, können Sie aber auch bei der am Ende des Buches angegebenen Adresse Informationen über diesbezügliche Seminare erhalten. In diesem Buch geht es vielmehr darum, die günstigsten Termine für viele Absichten beruflicher und privater Art herauszufinden. Dabei hilft uns die Numerologie durch die Ermittlung der persönlichen Jahre im Neunjahreszyklus und der temporären Monatszahlen.

Mithilfe der Zahlenkunde, unter Berücksichtigung der Mondzyklen und des Einflusses der Planeten lassen sich auch günstige Termine für zahlreiche ganz spezielle Anlässe ermitteln, wie z. B. einen Umzug, einen Berufswechsel, einen Hausbau, eine Heirat, eine Geschäftseröffnung und vieles andere. Wenn Sie wissen, welche Aufgaben Ihnen das Leben in welchem Abschnitt Ihres Lebensweges stellt, können Sie sich entsprechend darauf vorbereiten und angemessen handeln. Sie können die geeignetsten Momente wählen und vermeiden damit unnötige Verluste. Sie sind nicht mehr der Spielball des Schicksals, sondern werden dadurch zu Ihres eigenen Glückes Schmied.

Der Neunjahreszyklus

Zu unserer Lebensbestimmung – die sich aus der Lebenszahl ergibt – kommt im Verlauf unseres Lebens noch der starke Einfluss der persönlichen Zahlenschwingung des Neunjahreszyklus. Dieser Zyklus ist einer der wichtigsten, die das Bewusstsein beeinflussen. Die Energien der neun Jahre dieses Zyklus sind vergleichbar mit dem Bestellen eines Feldes, dem alljährlich wiederkehrenden Rhythmus von Säen, Entwickeln, Wachsen, und Ernten, dem anschließenden Umpflügen und Vorbereiten im Herbst, und dem Ruhen im Winter. Der falsche Zeitpunkt für die Saat würde dem Bauern oder Gärtner keinen Erfolg bringen. Er kennt das Gesetz dieses Zyklus und stellt sich darauf ein. Genauso verhält es sich mit einem Projekt, bei dem die Saat zur falschen Zeit gelegt wird. Die Saat wird nicht aufgehen oder verkümmern. Dieser Vergleich erscheint vielleicht auf den ersten Blick etwas unpassend; im Rückblick auf Ereignisse in Ihrem Leben können Sie jedoch sehr gut nachvollziehen, welche Projekte zur richtigen Zeit gestartet, vom Erfolg beseelt waren und welche schon kurz nach Beginn gescheitert sind, weil der Zeitpunkt ungünstig war.

Wenn wir die neun Jahre beendet haben, beginnen wir wieder bei Eins und durchlaufen erneut die neun Zahlen. Durch das Zusammenwirken unserer Lebensbestimmung und den Einflüssen aus dem Neunjahreszyklus entstehen für uns neue Chancen, aber auch neue Aufgaben, die wir zu lösen haben. Nach Ablauf dieses Zyklus steht wieder ein Neubeginn in irgendeinem Bereich unseres Lebens an. Mitunter kann das einem völlig neuem Leben gleichkommen; zum Beispiel bei einer Ehe, dem Einzug ins eigene Haus oder einem Berufswechsel.

Das persönliche Jahr

Aus Ihrem Geburtstag und -monat und der laufenden Jahreszahl lassen sich Ihre persönlichen Jahre innerhalb des Neunjahreszyklus bestimmen. Ihre persönlichen Jahre beginnen nicht am 1. Januar, wie beim Kalenderjahr, sondern an Ihrem Geburtstag. Jedes der neun Jahre hält für Sie bestimmte Chancen und Aufgaben bereit. Es ist deshalb sehr nützlich, sich über die Bedeutung der persönlichen Jahre im Klaren zu sein. Wenn Sie wissen, was auf Sie zukommt, können Sie die Ereignisse richtig einschätzen und entsprechend handeln. Für die Planung Ihrer Vorhaben ist es von unschätzbarem Wert zu wissen, in welchem persönlichen Jahr Sie sich gerade befinden – und ob es für Ihre Absichten geeignet ist. Die

Grundzahlen von eins bis neun sind der Schlüssel zu einer eigenen Art von Kreislauf. In wiederkehrenden Kreisen durchlaufen wir diese neun Zahlen in unserer Lebensspirale, um durch die Erfahrungen der von diesen Zahlen verkörperten Grundenergien in unserer seelischen Evolution höher zu gelangen.

Da die persönlichen Jahre auf das Geburtsdatum bezogen sind, ergeben sich für jeden Menschen andere Zahlenwerte und unterschiedliche Auswirkungen im jeweiligen Kalenderjahr. So kann einer noch im ersten Jahr seines Zyklus stehen, während ein anderer sich in seinem Zyklus bereits im neunten Jahr befindet. Um die Energie der jeweiligen persönlichen Jahresschwingung zu bestimmen, errechnen Sie als erstes die persönlichen Jahreszahlen. Dazu schreiben Sie Ihr Geburtsdatum auf und setzen an Stelle Ihres Geburtsjahres das Jahr ein, das Sie ermitteln wollen. Als Beispiel werde ich mein eigenes Geburtsdatum nehmen, um Ihnen den Vorgang zu veranschaulichen. Es lautet: 15. April 1943. Anstelle meines Geburtsjahres setze ich das Jahr 2001.

1. Schreiben Sie Ihre Zahlen nacheinander auf, am besten in der Reihenfolge von Tag, Monat, Jahr. In meinem Fall also: 15 – 04 – 2001.

2. Setzen Sie zwischen alle Ziffern ein Pluszeichen und addieren Sie die einzelnen Ziffern zu einer Quersumme. Nach unserem Beispiel: $1 + 5 + 0 + 4 + 2 + 0 + 0 + 1 = 13$, die Quersumme ist also 13.

3. Setzen Sie nun zwischen die Ziffern der Quersumme ein Pluszeichen und addieren Sie diese zur Endsumme. Die persönliche Jahreszahl wird immer auf eine einstellige Zahl reduziert.

4. Bei unserem Beispiel ist die Quersumme 13; $1 + 3 = 4$, die Endsumme 4 ist somit die Zahl für mein persönliches Jahr im Jahr 2001 und gleichzeitig das vierte Jahr in meinem Neunjahreszyklus.

5. Das persönliche Jahr geht jeweils vom Geburtstag eines Jahres bis zum Geburtstag des nächsten Jahres und nicht wie das Kalenderjahr vom 1. Januar bis 31. Dezember – es sei denn, jemand ist am 1. Januar geboren. In meinem Fall dauert das persönliche Jahr vom 15. April 2001 bis 14. April 2002.

6. Für jemanden, der z. B. am 30. Dezember 1950 geboren ist, beginnt dessen persönliches Jahr ebenfalls am Geburtstag, also am 30. Dezember und geht bis 29. Dezember des nachfolgenden Jahres, auch wenn sein persönliches Jahr dann hauptsächlich im Kalenderjahr 1951 liegt.

7. Damit wir anschließend auch die *temporäre Zahlenschwingung* (in meinem Fall der Monate Januar bis März 2001) berechnen können, benötigen wir noch die persönliche Jahreszahl für 2000, denn vom 15. April 2000 bis 14. April 2001 gilt für mich noch das persönliche Jahr mit der Quersumme aus dem Geburtsdatum und dem Jahr 2000. Dazu ergibt sich folgende Rechnung: $15. 04. 2000 = 1 + 5 + 0 + 4 + 2 + 0 + 0 + 0 = 12$ als Quersumme und schließlich als Endsumme $1 + 2 = 3$. Meine persönliche Jahreszahl für 2000 lautet somit Drei.

Beschreibung der persönlichen Jahreszahlen

Mit dem Wissen, welche Aufgaben, Chancen und Risiken die persönlichen Jahre und Monate für Sie bereithalten, und welche Aktivitäten oder Vorhaben in dieser Zeit geeignet sind, können Sie Ihre Absichten entsprechend einplanen. Dabei ist die persönliche Jahresschwingung sozusagen die Überschrift oder das Hauptthema für das betreffende Jahr:

1. Jahr: Kreativität und Zuversicht
Neuanfänge, Entscheidungen, Unabhängigkeit.

2. Jahr: Zusammenarbeit und Ausgewogenheit
Reife, Kooperation, Diplomatie, Selbsterkenntnis.

3. Jahr: Ausdruck und Feingefühl
Wachstum, Reisen, Unterhaltung, Selbstverwirklichung.

4. Jahr: Stabilität und Entwicklung
Beruf, Karriere, Lebensplanung, Finanzen, Bauen.

5. Jahr: Freiheit und Disziplin
Wachstum, Wandel, Vergnügen, Freiheit, Kommunikation, neue Interessen, Reisen.

6. Jahr: Vision und Annehmen
Heim, Ehe, Veränderung, Lösung der persönlichen Widersprüche, Dienst
am Nächsten, Verantwortung, Opfer.

7. Jahr: Vertrauen und Offenheit
Reflexion, Meditation, Finden des inneren Gleichgewichts, Ruhe, Gesundheit.

8. Jahr: Überfluss und Macht
Aufstieg, gesellschaftlicher Status, Autorität, Führungsqualitäten, Geld,
Business, Karma.

9. Jahr: Integrität und Weisheit
Veränderungen, Rückblick, Loslassen, Beendigung, Barmherzigkeit, Inspiration.

Die temporären Monatsschwingungen dagegen zeigen Ihnen, was im
Verlauf des Jahres in den einzelnen Monaten auf Sie zukommt oder für
Sie vorgesehen ist. Die Zahlen sind sozusagen der Schlüssel zu unseren
Aufgaben.

1. Jahr im Neunjahreszyklus: Kreativität und Zuversicht
Neuanfänge, Entscheidungen, Unabhängigkeit

Das erste von den neun Jahren eines Zyklus ist der Beginn eines neuen
Lebensabschnitts. Es ist eine Zeit des Neuanfangs und des Säens, eine
Zeit für Planung und Bestandsaufnahme, aber auch eine Zeit für Beschlüsse. In dieser Phase des Zyklus ist es wichtig, sich ein Ziel zu setzen
und sich darauf zu konzentrieren, denn wer kein Ziel hat, kann auch keines erreichen. Jetzt gilt es, seine Talente und Fähigkeiten zu entwickeln
und den Mut aufzubringen, seine Träume zu verwirklichen. Nun ist der
beste Zeitpunkt für den Start eines neuen Vorhabens, eines neuen Projekts oder einer Geschäftsgründung. Der Beginn des Zyklus ist eine Zeit
voll Zuversicht und Schaffenskraft, die wir nutzen sollten, um unsere
Ideen, Hoffnungen und Träume in die Tat umzusetzen. Im ersten Jahr
bieten sich uns häufig neue Möglichkeiten und Wege im Berufs- und

Geschäftsleben. Wenn wir jetzt die Chancen und Gelegenheiten nicht beim Schopf packen, verpassen wir den Start und verlieren damit den Schwung des aufsteigenden Zyklus. Es gilt also jetzt zu handeln.

Jetzt ist die beste Zeit, sich von der gewohnten Umgebung zu lösen, den Arbeitsplatz oder den Beruf zu wechseln, eine Umschulung oder Weiterbildung zu beginnen oder umzuziehen. Für manche ist es der Beginn, das Elternhaus zu verlassen und auf eigenen Füßen zu stehen, für andere vielleicht, sich selbstständig zu machen und ein Geschäft zu gründen. Es ist auch die richtige Zeit für die Expansion eines Unternehmens oder um in völlig neue Geschäfts- oder Marktbereiche einzusteigen.

Die Energie dieser Periode eignet sich besonders, um neue Beziehungen einzugehen und eine neue Grundlage zu schaffen. Sie bietet uns neue Möglichkeiten zu persönlicher Entwicklung, ein umfassendes Bewusstsein zu erlangen sowie Gelegenheiten, die uns zu einem Durchbruch in unserem Leben verhelfen. Auch um zu heiraten und eine Familie zu gründen oder den Grundstein für ein Haus zu legen, ist der Beginn des Zyklus bestens geeignet. Manche legen jetzt das Fundament für ein neues Leben.

Im ersten Jahr des Neunjahreszyklus werden die männlichen Energien (im chinesischen Yang genannt) in uns verstärkt, mit dem Schwerpunkt auf Individualität, Aggressivität, Mut und Selbstvertrauen. Wir werden in dieser Phase mit Aktivitäten und Situationen konfrontiert, die uns zwingen, uns mit den männlichen Konflikten in uns auseinanderzusetzen. Bei einem Mann werden Kindheitserinnerungen geweckt, die mit der Entwicklung seiner Männlichkeit, Konflikten mit dem Vater, Brüdern, Lehrern oder anderen männlichen Erziehern in Zusammenhang standen. Wenn diese Konflikte hochkommen, gelangen sie ins Alltagsbewusstsein und wir verhalten uns dann oft abwehrend, feindlich und anmaßend. Es kann auch passieren, dass wir in Gleichgültigkeit und Lethargie verfallen und unbewusst hartnäckigen Widerstand gegenüber neuen Möglichkeiten leisten. Wenn ein solches Verhalten an die Oberfläche kommt, sollten wir uns Zeit nehmen, uns näher mit den Ursprüngen dieser Konflikte zu befassen.

Bei einer Frau wird im ersten Jahr des Neunjahreszyklus ihr Animus, der männliche Teil ihres Wesens geweckt. Dies kann dazu führen, dass sie aktiver und unabhängiger werden will. Möglicherweise beginnt sie wieder zu arbeiten, vielleicht wird sie in einer Selbsterfahrungsgruppe aktiv oder macht sich selbstständig und eröffnet ein Geschäft. Vielleicht ändert sie auch nur ihre Denkweise und ordnet sich nicht mehr länger den familiären und gesellschaftlichen Normen unter. All diese Möglichkeiten bedeuten positives Wachstum. Wenn eine Frau unabhängig und selbstbewusst wird, kann das in einer Ehe/Partnerschaft zu Reibungen führen, trotzdem sollte sie sich nicht aus Schuldgefühlen von ihrem Weg abbringen lassen.

In diesem Fall empfiehlt es sich besonders, die persönlichen Zahlen der Partner zu vergleichen, um zu erkennen, was beide aus den Erfahrungen lernen sollen und wie sie als Team besser zusammenarbeiten können.

2. Jahr im Neunjahreszyklus: Zusammenarbeit und Ausgewogenheit

Reife, Kooperation, Diplomatie, Selbsterkenntnis

Nun muss alles was wir gesät haben, gehegt und gepflegt werden. Wir brauchen Hilfe und Mitwirkung. So wie die Saat die Hilfe der Sonne, des Regens und des Bodens braucht, benötigen wir die Mitwirkung und Unterstützung anderer für unser Vorhaben. Wir müssen unsere Grenzen erkennen und offen sein für Kooperation. Wenn wir im ersten Jahr neuen Ideen und Möglichkeiten den Weg gebahnt haben, sollte im zweiten Jahr eine Weiterentwicklung in dieser Richtung erfolgen. Jetzt kommt es darauf an, auf Feinheiten und Details zu achten, das Ganze auf kleine Mängel hin zu prüfen und wenn nötig zu korrigieren. Der höheren Intuition zu vertrauen und ihr zu folgen, führt uns zur Vollendung und zu Erfolg unserer Pläne. In einem Zweier-Jahr geht es mehr darum, etwas anzunehmen und mit anderen zu teilen, als mit aller Gewalt seinen eigenen Weg zu gehen. Wir sollten uns, wenn es notwendig wird, ruhig von hilfsbereiten Menschen helfen lassen, um so weit wie möglich vorwärts zu kommen.

Wir müssen auch unsere Sensibilität schulen, und alles sammeln, was für unser Vorhaben wichtig sein kann. Trotzdem sollten wir uns für die Ideen anderer ein offenes Ohr bewahren. Es ist eher eine passive, aufnehmende Zeit, in der wir uns viel Zeit zum Nachdenken nehmen und auf unsere innere Stimme hören sollten. Das Unterbewusstsein sammelt und ordnet jetzt jede Information, der es begegnet. Vorsicht, Aufmerksamkeit und Diplomatie ermöglichen uns jetzt Gelegenheiten und Begegnungen mit Menschen, die uns das Erreichen angestrebter Ziele erleichtern können. Wir bekommen die Möglichkeit zur Zusammenarbeit geboten, zur Unterstützung unserer Vorhaben, sowie die Chance, Schönheit und Frieden zu erfahren. Unvorsichtigkeit und Taktlosigkeit zu riskieren würde zu Auseinandersetzungen und Trennungen führen und könnte ein Scheitern unseres Vorhabens zur Folge haben. Ausgewogenheit, Selbsterkenntnis und Reife sind in dieser Phase erforderlich.

Wir sollten aber vorsichtig sein mit dem, was wir über unsere Ideen, Hoffnungen und Ambitionen verlauten lassen, denn wir könnten Gefahr laufen, dass sie nicht verstanden werden und uns davon abgeraten wird. Deshalb ist jetzt viel Diplomatie. erforderlich. Für uns ist es jetzt wichtig, Missverständnisse zu vermeiden und für Gruppenarbeit und Kooperation offen zu sein. Sollten Sie im vergangenen Jahr aber neuen Impulsen hartnäckig widerstanden haben, so werden in diesem Jahr harte Proben im Gefühlsbereich auf Sie zukommen, die Sie zwingen, an Ihre Komplexe und Blockierungen zu gehen, um sie aufzulösen. Kooperation mit sich selbst und nahe stehenden Personen ist jetzt notwendig.

Durch die starke Yin-Schwingung der Zahl Zwei wird unsere intuitive, empfängliche, gefühlsbetonte Seite verstärkt. Bei einer Frau werden dadurch unbewusste Konflikte zum Vorschein kommen, in Bezug auf ihre eigene Weiblichkeit, ihrer Rolle als Frau in der Gesellschaft, sowie Konflikte mit ihrer Mutter, Schwester, ihren Tanten, Lehrerinnen und weiblichen Autoritätspersonen. Wenn in diesem Bereich unterschwellige emotionale Probleme bestehen, wird sie in Situationen geraten, die es notwendig machen, sich diesen Problemen zu stellen. Vielleicht gibt es eine intensive Begegnung mit einem Mann, der ihr Herz berührt, wie kein anderer zuvor. Wenn sie oder der Mann verheiratet ist, kann das aus gesellschaftlichen oder religiösen Gründen zu schweren seelischen und gefühlsmäßigen Konflikten führen. Haben irgendwelche Schlüsselerlebnisse in der Vergangenheit eine Verhärtung oder Unterdrückung tief empfundener Gefühle bewirkt, wird sie plötzlich merken, dass sie die Tiefe ihrer Gefühle nicht ausdrücken kann. Nur wenn sie wieder einen Bezug zu ihren wahren Gefühlen findet, wird sie ihr gefühlsmäßiges Gleichgewicht und eine Lösung des Problems erreichen.

In einem Jahr mit der Zahlenschwingung Zwei werden Umstände gefördert, durch die Beziehungen zustande kommen, die uns helfen sollen,

emotionale Blockaden zu erkennen. Es erfordert Mut, sich diese Blockaden einzugestehen und sie freizusetzen. Wir müssen uns für Methoden oder Menschen öffnen, die uns helfen können, die unbewussten Ur-
sprünge zu erkennen und sie aufzulösen. In einem Zweier-Jahr kann es
gefühlsmäßige Begegnungen geben, die fast unerträgliche Leiden und
Qualen mit sich bringen.

Auch einem Mann wird die weibliche Energie, die Anima, im Zweier-Jahr
bewusst gemacht. Wenn er dazu erzogen wurde, seine Gefühle unter
Kontrolle zu halten, wird er irritiert sein und lernen müssen seine weibliche, gefühlsmäßige, intuitive Seite anzunehmen. Tut er dies, wird er
feststellen, dass nichts von seiner Männlichkeit verloren geht, sondern
durch das Annehmen seiner Anima wird erst das Gleichgewicht in ihm
hergestellt und lässt ihn zu einem »ganzen« Mann werden.

Möglicherweise müssen wir in einem Zweier-Jahr viel Kritik einstecken,
vielleicht gibt es auch viel Tratsch. Ob dies zu Recht oder zu Unrecht
geschieht, kann niemand beurteilen. Es dient aber dazu, uns die eigenen
Rachegelüste einzugestehen oder uns den Hang, über andere zu urteilen,
vor Augen zu halten. Haben wir in diesem oder einem früheren Leben
Tratsch oder Kritik gesät – und wer könnte schon das Gegenteil von sich
behaupten? – dann kommen diese Umstände nun wie ein Bumerang, zu
uns zurück. Wenn andere also scheinbar grundlos über uns herziehen
oder falsche Gerüchte verbreiten, hat das darin seine Ursache – es ist
unser Karma. Wenn wir uns darauf einlassen oder uns beteiligen, ver-
wickeln wir uns erneut darin und schaffen neues, weiteres Karma.

3. Jahr im Neunjahreszyklus: Ausdruck und Feingefühl
Wachstum, Reisen, Unterhaltung, Selbstverwirklichung

Im dritten Jahr wird vieles sichtbar und wir machen deutliche Fort-
schritte in unserer Entwicklung. Es ist wie bei der Saat, die als zarter,
empfindlicher Keim durch die Erde bricht und dem Sonnenlicht entge-
genstrebt. Plötzlich weitet sich der Horizont. Doch der Keim ist noch zart
und empfindlich. Auch bei uns zeigt sich möglicherweise ein Gefühl der
Verletzlichkeit. Vielleicht kommen Zweifel auf, ob wir unserer Sache gewachsen sind. Gleichzeitig fühlen wir aber auch Lebensfreude und eine
optimistische Einstellung, die uns hilft, unserer Persönlichkeit Ausdruck

zu verleihen und unsere Bedürfnisse und Wünsche zu befriedigen. Viele Ereignisse, die jetzt stattfinden, verstärken noch unseren Enthusiasmus. In dieser Phase können wir auf unterschiedliche Weise überraschend zu Geld kommen. Das Glück scheint auf unserer Seite zu stehen. Es ist das Ergebnis unserer positiven Einstellung, mit der wir solche Glücksfälle anziehen.

Das Dreier-Jahr erfüllt uns mit Kreativität und neuen Ideen, die sich im beruflichen und privaten Bereich und auch auf unsere Freizeitaktivitäten und unser inneres Wachstum auswirken können. In diesem Jahr sollten wir auch verstärkt die Ausbildung unserer Talente und Fähigkeiten forcieren. Es ist gut geeignet, um Artikel oder Bücher zu schreiben, an die Öffentlichkeit zu treten und in den Medien aktiv zu werden.

In diesem Jahr geht es sowohl für Männer als auch für Frauen darum, unbewusste Verhaltensweisen aufzudecken und für einen Ausgleich zwischen den Yin- und Yang-Kräften zu sorgen. Wenn uns das gelingt, wird sich unser Leben neu entfalten und bisher verborgene Facetten unseres Wesens treten ans Tageslicht. Das Dreier-Jahr bringt auch verborgene Ängste und Schuldgefühle im Zusammenhang mit früheren sexuellen Erfahrungen zum Vorschein, mit denen wir uns befassen müssen.

Im dritten Jahr unseres Neunjahreszyklus genießen wir es, Freunde um uns zu haben, die uns bewundern, denn wir brauchen in dieser Phase viel Lob und Anerkennung. Freunde zu verlieren, kann uns in diesem Jahr seelisch tief treffen und uns in ein Gefühlschaos stürzen. Manche neigen dann zu maßlosem Luxus oder trösten sich in oberflächlichen Kontakten und Beziehungen. Wenn wir Oberflächlichkeit und Smalltalk vermeiden und unsere tieferen Neigungen zeigen, gewinnt unser natürlicher Charme die größte Ausstrahlung. Für interessante Begegnungen mit dem anderen Geschlecht besteht dann eine große Wahrscheinlichkeit. Es ist eine besonders günstige Zeit für einen kreativen Durchbruch aber auch für Vergnügen, Freundschaften und die Begegnung mit einem geeigneten Heiratskandidaten. Für Ehepaare, die sich Kinder wünschen, ist jetzt ein besonders günstiger Zeitpunkt.

Dieses Jahr bietet gute Möglichkeiten für soziale und geschäftliche Kontakte. Es ist gut geeignet, sich dem gesellschaftlichen Leben zuzuwenden und geschäftliche Dinge mit privatem Vergnügen zu verbinden. Vielleicht ist es angebracht, in Vereine einzutreten oder Lehrgänge zu besuchen und jede Gelegenheit wahrzunehmen, die uns bei unseren Plänen und unserer Karriere weiterhilft. Möglicherweise begegnen uns dadurch faszinierende Menschen. Wir sollten jedoch darauf achten, unsere Energie nicht zu sehr zu zerstreuen. Es wäre auch unklug, Verpflichtungen einzugehen, die uns in irgendeiner Weise binden oder behindern, denn wir brauchen Freiraum und Zeit, um unseren persönlichen Weg zu finden und zu verwirklichen. Wir sollten auf unsere Träume und inneren Botschaften achten und auf sie hören. Da jetzt unsere Inspiration stimuliert ist, sollten wir unsere Gedanken und Ideen aufschreiben, weil sich diese Dinge unter Umständen später finanziell verwerten lassen. Wenn wir bei allem, was wir in diesem Jahr sehen und erleben, einen gewissen Abstand bewahren können, lernen wir daraus und erweitern unseren Horizont.

4. Jahr im Neunjahreszyklus: Stabilität und Entwicklung
Beruf, Karriere, Lebensplanung, Finanzen, Bauen

Aus dem zarten Keim ist ein kräftiger Schößling geworden. Er wird größer und seine Wurzeln tiefer und stärker. Für uns ist jetzt die Zeit gekommen, unsere innere Festigkeit zu prüfen und stabil zu werden. Wir müssen unsere Wurzeln stärken und zeigen, dass wir mit beiden Beinen auf der Erde stehen. Es ist nicht die Zeit um nach außen in Erscheinung zu treten, sondern eine Phase der Besinnung. Es ist eine kritische Periode, in der es gilt, jetzt alles nachzuholen, was bisher vielleicht versäumt wurde, aber auch alle Kräfte zu sammeln und sich umfassend auf die Zukunft vorzubereiten. Mit anderen Worten: wir müssen die Ärmel hochkrempeln und anpacken.

Beruf, Karriere und Lebensplanung stehen jetzt im Vordergrund. Wir müssen uns selbst und unsere Angelegenheiten prüfen, neu definieren, ordnen, aufzeichnen und neu zusammenstellen. Jetzt gilt es, sich um alltägliche Dinge kümmern und sie durch eigenes Handeln, Fleiß und Zielstrebigkeit zu bewältigen, um so eine solide Grundlage für unser Leben schaffen. Das Vierer-Jahr bietet uns viele Gelegenheiten, ein höheres Einkommen zu erzielen. Es verlangt von uns, dass wir im Berufsleben unser Bestes geben; dies gilt auch für Frauen, die in der Rolle des Ernährers stehen. In einem solchen Jahr kann es sein, dass ein Vorgesetzter oder eine andere Person in höherer Stellung unseren Einsatz bemerkt und uns protegiert. Geld und Finanzen spielen eine wesentliche Rolle in dieser Phase. Es ist jetzt notwendig, ökonomisch und praktisch zu denken, einen Finanzplan zu erstellen und sämtliche Schulden zu begleichen – materiell, physisch, geistig und spirituell.

Dies ist eine ideale Zeit, um für eine spezielle Reise zu sparen oder für das Eigenheim, das man sich schon lange gewünscht hat. Auch Landvermessung, der Bau eines Hauses oder Renovierung und Ausbau eines bestehenden Hauses sind unter dieser Schwingung gut möglich. Wenn alle Hindernisse mit Mut und Hingabe klug und geduldig gelöst werden, kann man mit Riesenschritten in eine goldene Zukunft voranschreiten.

In einem Vierer-Jahr müssen wir uns möglicherweise mit unbewussten Konflikten auseinandersetzen, die mit tiefen Wunden aus unserer Kindheit zu tun haben. Ist jemand in schwierigen Zeiten geboren, so kann seine Familie dieses Kind als zusätzliche Belastung empfunden haben. Finanzielle Sorgen und die Angst vor einer ungewissen Zukunft können sich dann auf das Kind übertragen. Es bekommt vielleicht das Gefühl, der Familie zur Last zu fallen oder es fühlt sich schuldig, dass der Vater eine berufliche Chance verpaßt hat oder mehr und härter arbeiten muss, um die erweiterte Familie versorgen zu können. Das kann nachhaltige seelische Wunden verursachen, die sich später im Berufsleben dieser Person hemmend auswirken. So versagt sich dieser Mensch eine große Gelegenheit, Karriere zu machen, als unbewusste Strafe dafür, dass er oder sie dem Vater damals vermeintlich einen beruflichen Aufstieg vermasselt habe.

Wenn ein Elternteil, als weiteres Beispiel, in einer solchen Situation zusätzliche Überstunden macht oder das Einkommen durch eine Nebenbeschäftigung aufbessert, um ein komfortableres Leben führen zu können, kann dies ebenfalls Wunden hinterlassen. Denn dadurch kann das Kleinkind die notwendige Liebe und Aufmerksamkeit vermissen und das den Eltern übelnehmen. Als Erwachsener wird sich dieser Mensch möglicherweise einem beruflichen Aufstieg widersetzen, weil er den damit verbundenen höheren Arbeitsaufwand unbewusst mit Ablehnung und Liebesentzug in Verbindung bringt. Wird dieser unterschwellige Konflikt nicht erkannt und aufgelöst, gerät die Person mit großer Wahrscheinlichkeit an einen Vorgesetzten, dessen Verhaltensweisen sie an die ihrer Eltern erinnern. Solche Konflikte können insbesondere in einem Vierer-Jahr auftreten. Sie bieten uns die Möglichkeit, die Probleme zu erkennen, uns damit auseinandersetzen und eine Lösung zu finden.

In einem Vierer-Jahr drängt es uns auch dazu, eine Tätigkeit zu finden, die unserem innersten Wesen entspricht. Es kann aber sein, dass wir uns aufgrund eines unterbewussten Schuldgefühles gegen diese Enthüllung wehren und deshalb der Wunsch weiterhin im Dunkel bleibt. Erst wenn wir die unbewussten Widerstände erkennen und auflösen, macht uns die Seele unsere wahre Berufung offenkundig. Wir sollten dann den Impulsen aus unserem Inneren folgen, die uns in einem persönlichen Vierer-Jahr eine Bewusstseinserweiterung ermöglichen.

Der enorme Schwung und Auftrieb zu Anfang des Jahres lässt die kühnsten Hoffnungen aufkommen und beflügelt uns zu Höchstleistungen. Wenn auch danach etwas Unruhe im persönlichen emotionalen Bereich aufkommt, sollten wir dadurch unseren Elan auf keinen Fall bremsen lassen, da sich im Verborgenen günstige Umstände entwickeln, die wir sonst nicht nutzen könnten. Es kommen Ereignisse und Dinge auf uns zu, die klare Entscheidungen fordern und uns wichtige Türen für unseren beruflichen Aufstieg öffnen können. Wenn wir in diesem Jahr beruflich nicht weitergekommen sind, sollten wir in uns gehen und herausfinden, welche unterbewussten Konflikte uns daran gehindert haben.

5. Jahr im Neunjahreszyklus: Freiheit und Disziplin

Wachstum, Wandel, Vergnügen, Freiheit, Kommunikation, neue Interessen, Reisen

Das fünfte Jahr gleicht dem Sommer des Zyklus. Der Schößling ist nun zur kräftigen Pflanze oder zum Baum herangewachsen. Er steht in voller Blüte und zieht Bienen, Schmetterlinge und Vögel an. Auch wir werden in dieser Phase des Zyklus interessante Begegnungen anziehen und neue Freunde finden. Wenn wir im vorangegangenen Jahr berufliche Veränderungen eingeleitet haben, werden diese jetzt bereits erkennbare Früchte zeigen. Aus Erfahrungen und Kontakten können wir unser Wissen erweitern und ein großes Verständnis gewinnen, das uns selbst und unsere Vorhaben weiter voran bringt. Es ist eine aufregende Zeit, die uns Vergnügen und Freiheit bringt, aber auch Wachstum ermöglicht.

Der Wandel der Dinge, Veränderungen und die Möglichkeit neuer Perspektiven können dazu führen, dass wir uns ruhelos und »aufgedreht« fühlen. Es besteht die Aussicht, auf Reisen zu gehen, ferne Länder zu besuchen, andere Menschen und Kulturen kennen zu lernen. Diese Gelegenheit sollten wir nutzen, denn die Schwingung der Fünf unterstützt solche Vorhaben. Auch wenn wir in dieser Zeit nicht wirklich verreisen, so werden wir es vielleicht geistig tun, denn Reisen ist ein zentrales Thema dieser Periode. Es tauchen neue Interessen auf, die uns veranlassen, uns mit anderen Ländern, Kulturen und Philosophien zu befassen, wovon wir profitieren können.

Die Fünf symbolisiert den freien Willen des Menschen und gleichzeitig das göttliche Gesetz. Wir haben die Wahl, das göttliche Gesetz zu ignorieren oder sogar zuwider zu handeln oder es zu befolgen und zu unserem Segen werden lassen, um daran zu wachsen. So oder so kann dies ein Wendepunkt in unserem Leben sein.

Dieses Jahr beschert uns viele neue Möglichkeiten und Chancen, bringt aber auch innere Unruhe, Ungeduld und eine ungestüme Energie mit sich. Es ist eine sinnliche Phase, die uns vielen Versuchungen und Prüfungen aussetzt, weil die Sexualität stärker stimuliert wird. Die Fünf bedeutet auch, dass wir unsere Erfahrungen voll ausleben sollen. Es werden sich viele intensive Begegnungen und Situationen ergeben, die mit Sex und Moral in Zusammenhang stehen und Ihnen Ihre Entscheidungen schwer machen. Es gilt, der eigenen inneren Stimme zu folgen und sich von gesellschaftlichen und ideologischen Zwängen freizumachen.

Bei all diesen Erfahrungen brauchen wir weise Entscheidungen, damit wir keine impulsiven unüberlegten Schritte tun. Aufgrund unserer inneren Unruhe und dem starken Bedürfnis nach Veränderung haben wir möglicherweise das Gefühl, in unserer Beziehung eingeengt zu sein; das kann dazu führen, dass wir unseren Lebenswandel drastisch verändern, in eine andere Wohnung umziehen, die Stellung oder sogar den Partner wechseln. Dies geht nicht ganz ohne Reibereien ab. Deshalb sollten wir mit Bedacht vorgehen; Ungeduld und vorschnelle Entscheidungen führen sonst zu unnötigen Fehlern. Mit Weisheit und Selbstdisziplin werden wir das Ganze nicht auf die leichte Schulter nehmen und aus den Lektionen lernen.

Viele Menschen fühlen sich in diesem Jahr auch von okkulten und metaphysischen Themen angezogen. Weiterbildung, die intensive Beschäftigung mit Hobbys oder der Besuch von Seminaren, die uns mit neuen geistigen Interessen vertraut machen, helfen uns, diese Ruhelosigkeit zu steuern und kreativ zu nutzen. Indem wir diese unruhige Energie in konstruktive Bahnen lenken und diszipliniert handeln, können wir viel Neues dazu lernen und in unserer Entwicklung große Schritte nach vorne tun. Wenn wir am Ende des Jahres unsere Erfahrungen überdenken, kommen wir möglicherweise zu der Erkenntnis, einem neuen Lebensweg zu folgen, der vom höheren Selbst bestimmt ist.

6. Jahr im Neunjahreszyklus: Vision und Annehmen

Heim, Ehe, Veränderungen, Lösung der persönlichen Widersprüche, Dienst am Nächsten, Verantwortung, Opfer

Nun ist es Spätsommer, der Baum trägt reichlich Früchte und es beginnt bereits die Ernte. Jetzt ist auch die Zeit, zu geben, unseren Wohlstand mit anderen zu teilen. Es ist eine Zeit der Großzügigkeit und Fülle, in der wir andere ebenfalls großzügig an unserem Segen teilhaben lassen sollten. In diesem Jahr drehen sich die Energien um Ihr Heim und die Gemeinde. Es geht um den Dienst am Nächsten. Am meisten erreichen wir jetzt, wenn Sie die Bedürfnisse Ihrer Mitmenschen voran stellen und ihnen bei ihren Problemen beistehen. Wir sollten darüber nicht in Selbstmitleid verfallen, was wir alles für andere tun, sondern uns darüber freuen, dass wir imstande sind zu helfen und wir sollten keinen Dank erwarten. Es gilt einfach zu tun, was nötig ist, uneigennützig und aus vollem Herzen.

In einem Sechser-Jahr ist es leicht möglich, dass wir auf jemanden treffen, den wir in einem vorherigen Leben ignoriert haben; dem wir jetzt aus einer Notsituation helfen können und damit die Möglichkeit bekommen, ein altes Konto auszugleichen. Wir fühlen jetzt eine größere Verantwortung für unsere Mitmenschen, was diese spüren. Vielleicht gilt es jetzt, für einen älteren Menschen die Verantwortung zu übernehmen oder jemand bittet um finanzielle Hilfe oder braucht moralische Unterstützung und will sich an unserer Schulter ausweinen. Wir sollten uns nicht aus dem Gleichgewicht bringen lassen, sondern diese Situationen gerne annehmen und dankbar sein, dass wir dazu in der Lage sind; uns aber keine unnötigen Lasten aufbürden oder uns ausnutzen lassen.

Für Singles wird in diesem Jahr der Wunsch nach Partnerschaft, Familie oder Ehe stärker in den Vordergrund treten. Es hat aber keinen Sinn, in

Gedanken vergangenen Zeiten und abgelaufenen Liebesbeziehungen nachzuhängen oder die Gründe und Ursachen dafür zu analysieren; das macht nur launisch, depressiv und unzugänglich. Stattdessen sollten wir uns vorrangig um unser Heim kümmern und es so warm und anziehend wie möglich gestalten, dann werden sich unsere Mitmenschen in unserer sonnigen Ausstrahlung wohl fühlen. Die Schwingung der Sechs stimuliert unseren Sinn für Kunst und wir können diesen u. a. für die Verschönerung unseres Heimes einsetzen. Als Gastgeber ist es möglich, unserem Wunsch nach Gesellschaft nachzukommen, den wir jetzt verstärkt verspüren.

Unter der Zahlenschwingung der Sechs kommen auch schlimme Kindheitserinnerungen wieder hoch. Bei der Betrachtung der Konflikte, die wir als Kind mit unseren Eltern oder Erziehern hatten, fallen uns wahrscheinlich Verhaltensmuster bei uns selbst oder bei unserem Ehepartner auf, die denen unserer Eltern ähneln. Einige dieser Erinnerungen können sehr schmerzhaft sein und uns überwältigen, wenn wir dies zulassen. Es wird uns gut tun, zu weinen, denn Tränen reinigen die Seele und lösen den Schmerz auf.

Unausgesprochene Probleme können in einem Sechser-Jahr die Spannungen in einer Ehe oder Partnerschaft noch verstärken, bis sie unerträglich werden. Dies zwingt uns dann, uns damit zu befassen und den Ursachen auf den Grund zu gehen. Die Auseinandersetzung mit diesen Problemen ist meist sehr schmerzlich und führt oft zur Trennung oder Scheidung, bietet aber ebenso die Chance für einen Neuanfang auf einer höheren Ebene von Liebe und gegenseitiger Wertschätzung. Wenn es uns gelingt, Balance und Harmonie aufrecht zu erhalten, kann es eine liebevolle, lohnende und kreative Periode sein.

Bei dem Bemühen, unser Zuhause in Ordnung zu bringen, dürfen wir unseren Körper nicht vergessen, der ja unser eigentliches Zuhause ist. Es ist Zeit für eine gründliche Untersuchung, ein Fitnessprogramm, Yoga oder ein anderes Training, das die Muskeln strafft und den Körper in Schwung bringt.

Viele Veränderungen können jetzt auftreten. Vielleicht gibt es eine Hochzeit, die Geburt eines Kindes, eine Scheidung, Kinder gehen aus dem Haus oder jemand stirbt. Möglich ist auch, dass wir selbst umziehen. Viele Ereignisse in dieser Periode können ein Kommen und Gehen verursachen und sollen uns auf ein umfassendes Bild vom Werden und Vergehen hinweisen. Es ist eine Zeit, sich darauf zu besinnen, was war, was schon im Werden begriffen ist und was noch kommt und alles dankbar anzunehmen und zu würdigen.

Vielleicht erscheint uns dieses Jahr im Vergleich zum turbulenten Fünfer-Jahr etwas langweilig, doch jedes Jahr hat seine guten Seiten und wenn wir uns auf die Schwingungen der Sechs einstimmen, werden wir die Vorteile erkennen und unser Bewusstsein erweitern. Die äußere Welt ist ein Spiegelbild unseres Innenlebens und zeigt uns, wo wir den Hebel ansetzen können. Wir sollten daher diese Zeit nutzen, um uns über unsere noch vorhandenen emotionalen Bindungen sowie unsere Absichten klar zu werden.

7. Jahr im Neunjahreszyklus: Vertrauen und Offenheit
Reflexion, Meditation, Finden des inneren Gleichgewichts, Ruhe, Gesundheit

Im siebten Jahr beginnt bereits der Herbst dieses Zyklus. Es wird Zeit, ruhig und besinnlich zu werden; über sich selbst und seine Stellung im Leben nachzudenken. In dieser Phase der Ruhe und Reflexion können wir unsere Ziele, Projekte und Beziehungen analysieren und in Dankbarkeit dem Ursprung aller Früchte gedenken. Jetzt werden kaum noch Ziele ins Auge gefasst, denn es ist eine Zeit der Muße und des Genießens. Alles, was wir in Schwung gebracht haben, läuft nun fast von selbst. Jetzt ist Zeit, zurückzublicken und aus den vergangenen Jahren zu lernen. Zu all den Erfahrungen der zurückliegenden sechs Jahre kommt jetzt die Erkenntnis, dass alle vorherigen Prüfungen etwas zum jetzigen Ergebnis beigetragen haben und dafür können wir dankbar sein.

Dies ist keine Zeit, um impulsiv zu sein, finanzielle Angelegenheiten voranzutreiben oder sich mit Geschäften zu belasten. Wenn wir abwarten und die Energie dieses Zyklus für uns arbeiten lassen, werden viele Angelegenheiten sich auf mysteriöse Weise von selbst vervollständigen. Jetzt sollten wir etwas langsamer tun, uns zurücklehnen und zwischendurch uns Zeit nehmen, auch auszuruhen. Überanstrengung und der Missbrauch unserer Kräfte könnten sonst zu Krankheiten führen.

Wir sehnen uns nach Ruhe; deshalb tun wir gut daran, uns vom hektischen, lärmenden Leben abzuwenden, um in uns zu gehen. So lernen wir auch, uns in unserer eigenen Haut wohl zu fühlen. Die Energie dieser Schwingung unterstützt uns bei der Erforschung philosophischer Fragen und dabei, den Zugang zu den großen Mysterien des Lebens zu finden. Sowohl religiöse, psychologische, metaphysische als auch esoterische Studien können uns bei unserer Suche nach Selbsterkenntnis helfen. Unser Bedürfnis nach Ruhe und Innenschau kann von anderen zuweilen missverstanden werden. Um nicht einen gleichgültigen, reservierten oder gar abgehobenen Eindruck zu erwecken, sollten wir um Rücksicht auf unsere Mitmenschen bemüht sein.

Menschen, die sich schon lange Zeit mit ihrem persönlichen Wachstum befassen, können jetzt eine höhere Bewusstseinsebene erschließen. Möglicherweise werden durch Meditation innere geistige Gaben offenbart und unser weiterer Weg plötzlich klar erkennbar. Dabei können jedoch auch noch Reste alter Konflikte an die Oberfläche kommen. Wenn wir uns aber ganz der inneren Führung anvertrauen, können wir alle Ängste und Zweifel leicht überwinden.

Unter der Energie der Sieben ist es möglich, dass wir von Träumen, Visionen und Intuition inspiriert werden. Wir sollten uns Zeit für uns selbst nehmen, auf unsere inneren Signale hören. Die Gedanken, die wir jetzt zu Papier bringen, können voll Inspiration und zu einem späteren Zeitpunkt für uns von Nutzen sein.

Den Anfang des Jahres sollten wir dazu nutzen, uns von allen emotionalen Überresten des vorangegangenen Sechser-Jahres zu befreien, damit das erwachende innere Licht fließen kann. Den Rest des Jahres sollten wir uns dann ganz auf unser höheres Selbst und unsere Umwelt einstimmen. Wenn wir die Energie dieser Periode für geistige Übung und Disziplin nutzen, wird uns das in allen Bereichen unseres Lebens zugute kommen.

8. Jahr im Neunjahreszyklus: Überfluss und Macht

*Aufstieg, gesellschaftlicher Status, Autorität, Führungs-
qualitäten, Geld, Business, Karma*

Der Baum ist jetzt stark, ragt hoch empor, ist mächtig und hoch geschätzt. Die Ernte ist eingeholt. Der Herbstwind fegt das bunte Laub von den Ästen und kündigt den bevorstehenden Winter an. Es ist Zeit, dass wir entlohnt werden und unsere Schulden begleichen. Haben wir weise gesät und die vorangegangenen sieben Jahre unsere Prüfungen bestanden, werden wir jetzt den Lohn für eine reiche Ernte erhalten. Je nach Art und Qualität des Einsatzes werden wir jetzt bezahlen oder belohnt. Wir bekommen, was wir uns verdient haben. Vielleicht ist es eine lange angestrebte Position im Beruf, finanzieller Wohlstand aus geschäftlichen Unternehmungen, Lob und Anerkennung für Engagement im sozialen Bereich oder in der Öffentlichkeit, Einfluss und Macht in der Politik. Es kann aber ebensogut eine Erbschaft als Belohnung sein, von jemandem, bei dem Liebe und Fürsorge schon vor langer Zeit gesät wurden. Was immer wir bekommen, es ist das Ergebnis unseres Einsatzes in der Vergangenheit. In dieser Periode wird uns die Notwendigkeit einer guten Aussaat deutlich gemacht.

Wenn wir im vorangegangenen Siebener-Jahr die Zeit genutzt haben, unser Leben zu ordnen und innere Stärke zu gewinnen, können wir jetzt unsere neue Einstellung selbst bewusst im Alltag leben. Unser Umfeld wird unsere Fähigkeiten erkennen, was uns Anerkennung, beruflichen und sozialen Aufstieg einbringt. Wir sollten uns darüber freuen, aber behutsam und weise mit unserer neuen Macht und Autorität umgehen. Wenn wir unsere Inspiration und innere Führung zur Leitung unserer Mitarbeiter nutzen, wird sich das segensreich für alle Beteiligten auswirken.

Dieses Jahr kann uns auch die dunkle Seite der Autorität vor Augen führen. Oft scheint es so, als wollten uns alle einen Strich durch die Rechnung machen. Ob im Arbeitsumfeld, im Freundeskreis oder in der Familie; es kann passieren, dass uns ständig jemand widerspricht, etwas besser weiß oder uns kritisiert. Wir können dann unser Umfeld als einen Spiegel betrachten und dieses Verhalten als Hinweis werten, unsere eigenen Verhaltensweisen zu überprüfen. Das, was wir bei uns selbst nicht sehen oder nicht sehen wollen, hält uns unser Umfeld als Spiegel vor Augen. Darin liegt die Chance, flexibler zu werden und uns von alten Gewohnheiten freizumachen. Es bietet uns aber auch die Möglichkeit, die Gebote einer höheren Autorität zu erkennen, um nach ihnen zu leben. So können wir unsere Macht weise, mit Mitgefühl und Rücksicht auf andere anwenden. Vielleicht werden wir in diesem Jahr verstärkt mit dem Missbrauch von Macht und Autorität konfrontiert, sei es indirekt bei anderen oder direkt durch unsere Vorgesetzten, um darauf zu achten, in welchen Bereichen wir selbst ebenfalls dazu neigen. Wenn dem wirklich nicht so ist, haben wir aller Wahrscheinlichkeit nach – in einer oder mehrerer Inkarnationen zuvor – unsere Position für ein solches Vergehen missbraucht.

Die richtige Einstellung zum Geld und der sachgemäße Umgang damit spielen in diesem Jahr eine besondere Rolle. Wenn wir erkennen, dass mit dem Zahlungsverkehr ein Energieaustausch erfolgt, dem wir einen bestimmten Wert geben, dann werden wir uns auch fragen müssen, welchen wirklichen Wert wir im Innern unserer eigenen Leistung zubilligen. Wir bekommen, was wir uns wert sind. Oft ist uns das gar nicht klar. Entweder wir bewerten unsere Leistung zu niedrig oder wir überschätzen sie. In unserer Ausstrahlung ist unsere eigene Beurteilung erkennbar – und danach werden wir eingeschätzt! Es ist also notwendig, unsere eigene Wertschätzung kritisch unter die Lupe zu nehmen und zu korrigieren. Wir sollten uns ehrlich bewusst machen, welchen wirklichen Wert unsere Arbeit hat. Es geht um ein ausgewogenes Verhältnis von Geben und Nehmen.

Unter der Schwingung der Acht ist es besonders wichtig, an unsere Freunde und Mitmenschen zu denken und denen Hilfe zu sein, die es brauchen. Wenn wir unsere Verantwortung erkennen, werden wir anderen mit unserem Einfluss, Wohlstand und unserer Stärke beistehen.

9. Jahr im Neunjahreszyklus: Integrität und Weisheit
Veränderungen, Rückblick, Loslassen, Beendigung,
Barmherzigkeit, Inspiration

Nun ist es Zeit, das Feld zu pflügen, damit es im Winter ruhen und sich regenerieren kann. Der Winter ist eine Zeit der Ruhe, der inneren Stille und Besinnung. Auch wir brauchen Ruhe und sollten diese Periode nutzen, uns zu regenerieren und Kraft zu sammeln, denn dann können wir mit frischer Energie und Hoffnung im kommenden Jahr erneut säen und das Feld bestellen. Mit den gewonnenen Erkenntnissen aus diesem Neunjahreszyklus wird die Saat im »Frühling« des nächsten Zyklus noch besser aufgehen und gedeihen.

Im letzten Jahr des Zyklus wird immer irgendein Kapitel in unserem Leben abgeschlossen. Das kann bei einem Menschen der erlernte Beruf sein, bei dem er feststellt, dass dieser ihn nicht mehr ausfüllt oder dass er ihn nicht mehr weiter ausüben kann, bei einem anderen kann das eine geschäftliche Partnerschaft sein, die nicht mehr funktioniert und bei einem dritten vielleicht seine Ehe, die zur Qual geworden ist. Oft überschlagen sich dann die Ereignisse und manches Ende kann schmerzhaft sein. Doch lieber ein Ende mit Schmerzen, als Schmerzen ohne Ende.

In der Neun sind alle Schwingungen der vorherigen Zahlen enthalten, was zu ständigem Stimmungsumschwung und vielen unerwarteten Ereignissen führt. In Freundschaften, Beziehungen und Ehen, in denen es schon längere Zeit kriselt, wird jetzt ein Schlußstrich gezogen. Weil es uns meist schwer fällt, uns von Bindungen zu lösen, die uns in unserer Weiterentwicklung hemmen, nimmt diese Trennung oft das Leben vor. Wenn wir uns in dieser Periode von Menschen, Situationen oder Orten verabschieden müssen, mit denen wir für lange Zeit verbunden waren, so liegt der Grund darin, dass sie nicht länger unserem Reifeprozess dienen. Trennt sich eine geliebte Person von uns, ist das schmerzhaft und reißt oft alte Wunden auf. Es hat aber keinen Sinn, der Vergangenheit nachzuhängen, weil das nur zu Unzufriedenheit, Frustration und Depression führt. Stattdessen sollten wir offen sein für neue Kontakte und Bekanntschaften, die unser Leben bereichern.

Möglicherweise verlassen Kinder das Haus, um sich weiterzubilden oder zu heiraten, vielleicht ziehen wir in ein neues Haus oder in eine andere Umgebung. Es ist eine Zeit des Loslassens, der Beendigung, der Besinnung, der Rückschau und der Erkenntnis, die zur Weisheit führt. Sie macht uns bewusst, dass alles in wiederkehrenden Zyklen einem ständigen Werden und Vergehen unterliegt. Festklammern nützt hier nichts. In jedem Ende liegt jedoch schon der Keim von etwas Neuem. Daher gilt es jetzt die kreativen Kräfte zu nutzen, die von der Schwingung der Neun ausgehen, um sich klar zu werden, was wirklich unserem Naturell entspricht und Ziele zu entwickeln, die unserem Leben eine neue Richtung geben.

In einem Neuner-Jahr wird unsere Intuition und künstlerische Inspiration besonders stimuliert und unsere mediale Sensibilität erheblich verstärkt. Um unsere Fähigkeiten und Talente zu fördern und uns gut vorzubereiten, sollten wir die kreativen Kräfte nutzen, die von dieser Schwingung hervorgebracht werden. Damit können wir dann Inspirationen und

Ideen, die in dieser Zeit auftreten, im nächsten Zyklus produktiv umsetzen und mit Freude und hohen Erwartungen in die Zukunft blicken.

Da dieses Jahr den Zyklus abschließt, macht es wenig Sinn, neue langfristige Verpflichtungen einzugehen, denn Projekte, die in einem zu Ende gehenden Zyklus begonnen werden, haben keine lange Lebensdauer. Das Neuner-Jahr eignet sich daher nicht gut für einen beruflichen Neustart, neue Beziehungen, eine Heirat, den Neubeginn eines Geschäfts oder Unternehmens und andere langfristige Vorhaben.

Jetzt ist die Zeit, etwas für andere zu tun, als Dank für die vielen Wohltaten, die wir im Leben erfahren haben, aber auch, um gegenwärtige Freundschaften zu pflegen und zu festigen.

Dieses Jahr eignet sich hervorragend dazu, in einer Rückschau unsere Wachstumsprozesse des abgelaufenen Zyklus und unsere jetzige Gesamtverfassung genauer zu analysieren. In dieser Phase fällt es besonders leicht, sich von noch vorhandenen negativen Einstellungen, unreifen Emotionen und überholten Verhaltensmustern zu befreien. Wir können egoistische Gefühle loslassen und damit einer selbstlosen Gesinnung Platz machen. Im letzten Jahr des Neunjahreszyklus fällt es leichter, uns von allem Ballast an egoistischen Gefühlen, überholten Einstellungen und Gewohnheiten freizumachen, denn der reinigende Einfluss des Neuner-Jahres unterstützt uns dabei. Wir sollten mit dem Ende dieses Jahres alles bereinigen und abschließen, damit wir für den neuen Zyklus vorbereitet sind und eine bessere Lebensweise beginnen können. Wer sich hartnäckig an die Vergangenheit klammert, wird es in diesem Jahr schwer haben. Alles, was wir jetzt eigentlich loslassen müssten, wird uns im neuen Zyklus sehr belasten, wenn wir es mitschleppen.

Die temporäre Monatsschwingung

Die persönliche oder temporäre Monatsschwingung steht im Zusammenhang mit den neun persönlichen Jahren. Während die Schwingung der persönlichen Jahreszahl sozusagen die Überschrift oder das Hauptthema beschreibt, zeigen Ihnen die temporären Monatsschwingungen, was im Verlauf des jeweiligen Jahres auf Sie zukommt oder für Sie vorgesehen ist. Jeder der zwölf Monate bekommt in jedem Jahr unseres Neunjahreszyklus eine andere Zahlenqualität und somit eine unterschiedliche Wirkung auf unser Leben. Da die Zahl des jeweiligen Monats zu der des laufenden Jahres hinzu gezählt wird, ändert sich immer das Ergebnis. Und weil die zwölf Monate in jedem der neun Jahre eine andere Zahlenqualität haben, werden diese Zahlen temporäre Monatszahlen genannt.

Nehmen wir als Beispiel den Januar des ersten Jahres im Neunjahreszyklus. Der Januar ist der erste Monat im Jahr und hat somit die Zahl Eins. Rechnet man diese nun zu der Eins des ersten Jahres, so ergibt sich als temporäre Monatsschwingung eine Zwei für den Januar. Im zweiten Jahr wäre das dann eine Drei, im dritten Jahr eine Vier, usw. Dies gilt natürlich auch für alle weiteren Monate. Für den Dezember im neunten Jahr ergibt sich somit eine 21 (12 + 9 = 21)als die höchstmögliche temporäre Monatsschwingung. Danach beginnt die Reihenfolge wieder mit der Zwei.

Will ich nun beispielsweise aus meinem Geburtsdatum (15. 4. 1943) die temporären Monate errechnen, setze ich anstelle des Geburtsjahres das Jahr 2001. Dann ergibt sich daraus als persönliche Jahresschwingung die Zahl Vier. (1 + 5 + 0 + 4 + 2 + 0 + 0 + 1 = 13), reduziert auf eine einstellige Zahl 1 + 3 = 4.

Da mein persönliches Jahr aber erst am 15. April beginnt, verwende ich für die Monate Januar bis März 2001 noch die persönliche Jahreszahl 3 von 2000. Jahresschwingung 3 plus 1 für den Monat Januar ergibt bei unserem Beispiel 4. Meine temporäre Schwingungszahl für Januar 2001 lautet somit Vier. Diese gilt in meinem Fall vom 15. Januar bis 14. Februar 2001.

Der Februar errechnet sich dann: 3 + 2 = 5. Meine temporäre Schwingungszahl vom 15. Februar bis 14. März 2001 lautet dann Fünf. Vom 15. März bis 14. April 2001 gilt dann die temporäre Schwingungszahl Sechs.

In meinem Fall wird dann ab 15. April, mit der persönlichen Jahreszahl Vier, für das Jahr 2001 weiter gerechnet, weil da mein persönliches Jahr 2001 beginnt; also: 4 + 4 = 8. Meine temporäre Schwingungszahl vom 15. April bis 14. Mai 2001 lautet dann Acht. Dies setzt sich so fort bis zum Mai: 4 + 5 = 9. Vom 15. Mai bis 14. Juni 2001 lautet die temporäre Schwingungszahl somit Neun.

Ab dem 15. Juni: entstehen bei unserem Beispiel zweistellige Zahlen: 4 + 6 = 10. Daraus wird dann die Endsumme ermittelt: 1 + 0 = 1. Die vollständige Zahl der temporären Monatsschwingung besteht aus der zweistelligen Zahl und der einstelligen Quersumme, die durch einen Schrägstrich (/) voneinander getrennt werden. Bei unserem Beispiel lautet die komplette temporäre Schwingungszahl für den Juni 2001 dann 10 / 1. So geht es weiter bis zum Dezember mit 4 + 12 = 16 als zweistellige Zahl und 1 + 6 = 7 als Quersumme. Die vollständige Schwingungszahl vom 15. Dezember 2001 bis 14. Januar 2002 lautet dann 16 / 7.

Ab 15. Januar 2002 wird dann mit der persönlichen Jahreszahl Vier weiter gerechnet. (4 + 1 = 5). Die temporäre Schwingungszahl vom 15. Januar bis 14. Februar 2002 lautet also Fünf.

Erst ab 15. April 2002 wird dann – in meinem Fall – mit der persönlichen Jahreszahl Fünf weiter gerechnet (1 + 5 + 0 + 4 + 2 + 0 + 0 + 2 = 14 / 1 + 4 = 5). Die größtmögliche temporäre Monatsschwingung ist 21/3; sie ergibt sich im Dezember des 9. Jahres (9 + 12 = 21 sowie 1 + 2 = 3).

Die folgenden Beschreibungen der temporären Monatsschwingungen geben Ihnen einen Einblick, was die persönlichen Monate für uns an Ereignissen bereit halten und wie wir diese für unsere Planung nutzen können.

2 als temporäre Monatsschwingung

Reife, Zusammenarbeit, Diplomatie, Selbsterkenntnis
(Tarot: Die Hohepriesterin – Astrologie: Vulkan und Mond)

■ Allgemein

In dieser Periode befinden wir uns in einem Reifeprozess, in dem wir vorangegangene Erfahrungen verarbeiten und in uns wachsen lassen müssen. Es ist daher ratsam, sich eher etwas zurückzuziehen und auf Ergebnisse zu warten, als sich gewaltsam durchzusetzen. Wir sollten jetzt besonders darauf achten, gelassen zu bleiben, damit wir uns nicht schon von Kleinigkeiten aus der Ruhe bringen lassen. Wir können sonst in Situationen geraten, die für uns nicht überschaubar sind und Wutausbrüche und Täuschungsmanöver zur Folge haben. Es besteht die Gefahr, dass wir auf Konfrontation emotional reagieren und uns lieber zurückziehen, anstatt die Probleme behutsam und friedlich zu lösen. In dieser Zeit ist im Umgang mit unseren Mitmenschen und unseren Aktivitäten Vorsicht, Taktgefühl und Diplomatie notwendig.

Da dies eine passive, aufnehmende Phase ist, registriert unser Unterbewusstsein jetzt besonders alle Informationen. Die Erinnerungen, die dort gespeichert sind, bestimmen unsere Reaktionen auf Menschen, Situationen und äußere Umstände. So werden unsere Handlungen oft von unbewusster Konditionierung geleitet. Da wir auch durch unser Unterbewusstsein mit anderen kommunizieren – und die telepathische Kommunikation jetzt besonders intensiv ist – sollten wir besonders auf unsere Gedanken und Einstellungen achten. Es gilt jetzt, ausgeglichen und stabil zu werden. In ruhiger Kontemplation in uns zu gehen, hilft uns, unser wahres inneres Wesen zu erkennen, und die Ausgeglichenheit und Gelassenheit zu bekommen, mit der es uns möglich ist, einzigartige Lösungen für unsere alltäglichen Probleme zu finden. Wenn wir aus den Erfahrungen, die wir in der Vergangenheit gemacht haben, positive Erkenntnisse ziehen, können wir gute Vermittler werden, anderen Menschen gegenüber Wärme ausstrahlen und Botschafter für Versöhnung und Frieden sein. Diese Periode ist passiv und aufnehmend und ein Test für unsere Fähigkeit zur Zusammenarbeit und Kooperation. Wir sollten sie nutzen, um über vieles nachzudenken und vor allem auf unsere innere Stimme hören. Wir legen jetzt die Saat: entweder für Schönheit, Begegnungen und eine friedliche Koexistenz oder für Unfrieden, Zwietracht und Auseinandersetzungen.

■ Beruf und Finanzen

Diese Zeit des Abwartens ist bestens geeignet, unser schöpferisches Potenzial zu aktivieren, indem wir uns umschauen, Anregungen aufnehmen und damit unser Unterbewusstsein »füttern«. Wir können so die Saat für unsere Kreativität legen. Die Zwei hilft uns, verborgene Kräfte zu wecken. Künstler, Komponisten, Designer, Schriftsteller, Erfinder und andere schöpferisch tätige Menschen können davon profitieren, wenn sie in dieser Phase ihre Vorstellungskraft und Phantasie nähren. Der Besuch von Konzerten, Theater, Vernissagen, Ausstellungen und Messen kann sie inspirieren. Bei Veranstaltungen, wo sie mit Gleichgesinnten zusammentreffen, werden sie Anregungen finden, die sie bei ihrer Arbeit weiterbringen. Ruhe und Kontemplation lassen die gelegten Samen wachsen und reifen, damit daraus künstlerische Produkte, innovative Ideen und außergewöhnliche Dinge entstehen.

In dieser Periode erscheint uns die Zukunft vielleicht unsicher, weil die Energien, die für uns arbeiten, noch nicht erkennbar sind. Wegen unserer wankelmütigen Verfassung ist dies keine gute Zeit für Geschäfte oder um wichtige Entscheidungen zu treffen. Wir sollten besser damit warten, bis wir uns innerlich gefestigt haben. Es ist ratsam, behutsam und geduldig vorzugehen, taktvoll und versöhnlich zu bleiben und ein offenes Ohr für die Ideen anderer zu bewahren. Wir sollten klug und vorsichtig sein, abwägen, wem wir trauen und über was oder wen wir reden. Wenn wir zurückhaltend bleiben, unsere Hoffnungen und Ambitionen für uns behalten, können uns unsere Worte von anderen weder bewusst noch unbewusst verdreht werden.

■ Beziehungen und Partnerschaft
Dies ist eine gute Zeit für Liebesaffären, die allerdings ebenso schnell vergehen können wie sie kommen. Wir sollten in dieser Hinsicht vorsichtig sein, weil wir zurzeit emotional verletzbar sind. Wir können nun die Erfahrungen der Vergangenheit nutzen, um Knoten in bestehenden Beziehungen zu lösen, um zu vermitteln, zu schlichten oder zur Zusammenarbeit beizutragen. Unvorsichtigkeit und Taktlosigkeit können unseren Beziehungen jetzt sehr schaden. Die Zwei steht für Verständnis, Feingefühl und Fürsorglichkeit im Umgang miteinander. In einer bestehenden Beziehung können wir jetzt tiefe Zuneigung, Nähe und Seelenverwandtschaft erleben, sowie das Gefühl, dass uns ein unsichtbares Band mit unserem Partner vereint. Leben wir zurzeit alleine, ist die Hohepriesterin – die im Tarot die Zahl zwei verkörpert – unsere innere Führerin zu Nähe, Seelengemeinschaft und Energieaustausch.

3 als temporäre Monatsschwingung
Wachstum, Reisen, Unterhaltung, Selbstverwirklichung.
(Tarot: Die Kaiserin/Herrscherin – Astrologie: Jupiter und Venus)

■ Allgemein
Unter dieser Schwingung können wir eine Zeit voll Zufriedenheit und Harmonie erleben, in der sich vorangegangene Schwierigkeiten auflösen. Wir sind voller Lebensfreude und Optimismus und wollen unserer Persönlichkeit Ausdruck verleihen. Vieles, was sich jetzt ereignet, verstärkt unseren Enthusiasmus noch. Es kann durchaus sein, dass wir in dieser Periode in irgendeiner Form zu Geld kommen. Von der Gehaltsaufbesserung über eine Hinterlassenschaft bis hin zu einem Gewinn ste-

hen alle Möglichkeiten offen. Jeder ist seines eigenen Glückes Schmied. Das gegenwärtige Glück ist das Ergebnis unserer positiven Einstellung. Dies ist eine produktive Phase für alle Bereiche unseres Lebens mit Wachstum und Zugewinn. Es kann uns auch eine Hochzeit oder die Geburt eines Kindes bevorstehen. Ebenso möglich ist eine andere Geburt – z. B. in Form eines Kunstwerkes, eines Projektes, eines Buches oder der Erweiterung unseres Bewusstseins. Jetzt ist es an der Zeit, Projekte und Vorhaben, mit denen wir schon seit längerem »schwanger gehen«, in die Tat umzusetzen.

Nun ist es sinnvoll, sich dem gesellschaftlichen Leben zu widmen und jede Gelegenheit zu nutzen, um Kontakte zu schaffen: z. B. Freunde einzuladen, in Vereine zu gehen, an Lehrgängen und Seminaren teilzunehmen. Man sollte sich aber vor zu viel Gerede und Tratsch hüten. Es ist auch wichtig, auf eine gepflegte Erscheinung zu achten. Vielleicht ist es notwendig, abgetragene und aus der Mode gekommene Kleidung auszusortieren, in neue Garderobe zu investieren und ein Fitnessprogramm zu absolvieren. Die Mühe wird sich lohnen.

■ Beruf und Finanzen

Die Schwingung der Drei fördert unser kreatives Potenzial und begünstigt schöpferische Impulse. Jetzt können große Energien freigesetzt werden. Sie sollten jetzt die Gunst dieser Periode nutzen, um das Vorhaben, das Sie vielleicht schon lange vor sich hergeschoben haben, zu verwirklichen. Dies ist eine vortreffliche Schwingung für einen erfolgreichen Start. Künstler, Schriftsteller, Komponisten und Werbefachleute finden ihre Kreativität verstärkt, Designer, Techniker und Ingenieure bekommen überraschend neue Ideen und auch andere Berufszweige profitieren davon. Diese Periode bringt Neuerungen, Wachstum und größere Lebendigkeit im Arbeitsleben. Sie können eine Fremdsprache lernen, rhetorischen Unterricht nehmen oder andere Methoden nutzen und dadurch Ihre Ausdrucksfähigkeit verbessern.

Diese Zeit ist bestens geeignet, um für unsere Arbeit Anerkennung und Unterstützung bei der Publikation zu bekommen. Große Pläne lassen sich jetzt verwirklichen. Wenn wir uns jetzt dem gesellschaftlichen Leben zuwenden, können wir geschäftliche Angelegenheiten mit dem Vergnügen verbinden. Wir beeindrucken durch gute Manieren und Humor und überzeugen durch ein gesundes Selbstvertrauen und Optimismus. Einige der Menschen, mit denen wir zusammenkommen, werden in der Lage sein, uns beruflich zu unterstützen und voran zu bringen.

■ Beziehung und Partnerschaft

Auch im Bereich der persönlichen Beziehungen kann es Veränderungen und Neuerungen geben. Möglicherweise zwingt uns das Leben, alte Hüllen sinnentleerter Emotionen über Bord zu werfen, um eine lebendige seelische Beziehung zu schaffen oder wir sehen uns nun in der Lage, eine Wandlung in unserer Beziehung herbeizuführen und eine neue emotionale Basis zu finden. In dieser Periode kann es eine Hochzeit oder Familienzuwachs geben.

4 als temporäre Monatsschwingung

Arbeit, Finanzen, Bauen, Praxis

(Tarot: Der Kaiser/Herrscher – Astrologie: Erde und Widder)

■ Allgemein

Die Vier steht für Struktur und Ordnung, für unseren Wunsch nach Stabilität, Sicherheit und Kontinuität. In dieser Periode geht es darum, selbst die Verantwortung zu übernehmen, um Ordnung in unser Leben und unsere Angelegenheiten zu bringen. Wir müssen uns um alltägliche Dinge kümmern und für unsere täglichen Aktivitäten den strukturierenden »roten Faden« finden. Indem wir einen Plan erstellen, alles neu definieren, klassifizieren, neu ordnen und schriftlich festlegen, erhalten wir Übersicht und bekommen die Dinge in den Griff. Es wird viel Arbeit, Geduld und Hingabe erfordern, um sich durch alle Hindernisse hindurch zu kämpfen.

Diese Periode wird von der Vernunft regiert. Die Zahl Vier, die auch als Symbol für ein rechteckiges Fenster gilt, durch das wir blicken, will uns darauf hinweisen, unseren Blick zu schärfen – den Einblick wie den Durchblick. Dadurch wird es vielleicht auch möglich, bisher verborgen gebliebene Aspekte unserer Vergangenheit zu enthüllen und Fehlurteile aus früheren Zeiten zu korrigieren. So gesehen kann die Vier zu einem Tor der Möglichkeiten werden, durch das wir in ein neues Leben finden. Geld und Finanzen haben in dieser Periode ein besonderes Gewicht. Daher gilt es, ökonomisch und praktisch zu denken, einen Finanzplan zu erstellen und umsichtig vorzugehen. Wir sind jetzt aufgefordert, unsere Schulden zu bezahlen, nicht nur materiell, sondern auf allen Ebenen, also auch physisch, geistig und spirituell. Jetzt ist auch eine ideale Zeit, um für lang gehegte Wünsche zu sparen: eine spezielle Reise, ein Geschäft oder ein Haus. Unter einer Vier sind Ausbau oder Renovierung eines Eigenheimes möglich, aber ebenso Landvermessung, Planung oder Neubau.

Wird der Schwerpunkt während einer Vier aufs Materielle gelegt, stärken ihre Energien die kreativen Fähigkeiten; konzentrieren wir diese Energien auf die spirituelle Ebene, so können sich neue spirituelle Einsichten eröffnen und übersinnliche Fähigkeiten gefördert werden. Die Vier beinhaltet auch eine Aufforderung, unseren Körper fit zu halten, der unser eigentliches Zuhause ist. Wenn wir unseren Körper vielleicht lange Zeit vernachlässigt haben, ist es jetzt an der Zeit, diese »Schulden« zu begleichen, indem wir für gesunde Ernährung und ein Fitnesstraining sorgen.

■ Beruf und Finanzen

Diese Schwingung fördert unsere Disziplin, Entschlusskraft und den Willen, selbst Verantwortung zu übernehmen. Wenn wir unseren Realitätssinn schärfen, pragmatisch vorgehen und ein klares Konzept für unsere Wünsche und Pläne erstellen, können wir diese mit Fleiß und Beharrlichkeit auch verwirklichen. Unser finanzieller Erfolg hängt von unseren Bemühungen und klugem Vorgehen ab. Wenn wir unsere Angelegenheiten in den Griff bekommen, werden wir daraus großen materiellen Vorteil ziehen. Jetzt besteht die Möglichkeit, ein solides Fundament für unsere Zukunft zu legen – finanziell, physisch und geistig.

Die Vier, im Tarot *Der Herrscher,* birgt auch die Gefahr in sich, die guten Eigenschaften wie Disziplin, Beharrlichkeit, Entschlossenheit und Verantwortungswillen zu übertreiben, die dann zu Starrheit, Perfektionismus und eiserner Machtentfaltung ausarten. Wir müssen uns auch davor hüten, Arbeit und Fleiß zu missverstehen, sonst werden wir zu Workaholics.

■ Beziehungen und Partnerschaft

In dieser Periode können sich sowohl persönliche als auch geschäftliche Beziehungen entwickeln und zu bleibenden Freundschaften wachsen. Jetzt besteht auch die Möglichkeit, eine körperlich befriedigende Liebesbeziehung einzugehen oder eine bestehende Beziehung zu festigen. Der Wunsch, klare Verhältnisse zu schaffen und unserer bisherigen Partnerschaft ein festes Fundament zu geben, kann dazu führen, dass wir einen wichtigen und dauerhaften Schritt nach vorne tun, indem wir heiraten. Wenn wir die Beziehung zu unserem Lebenspartner allerdings zu sehr regeln und absichern wollen und unsere wahren Gefühle verbergen – aus Angst, wir könnten davon überrannt werden – führt das zu starren, verkrusteten Umgangsformen und stark verdrängten Gefühlen. Es liegt wie immer an uns, wie wir diese Schwingung nutzen und was wir daraus machen.

5 als temporäre Monatsschwingung

Wandel, Kommunikation, Sex, neue Interessen, Reisen
(Tarot: Der Hohepriester – Astrologie: Merkur und Stier)

■ **Allgemein**

In dieser Periode ist Vorsicht und Disziplin notwendig, denn in der Energie dieser Schwingung fühlen wir uns oft nervös und ruhelos. Die Fünf weist auf zwei verschiedene Wege hin. Wir stehen an einer Gabelung, die zu einem Wendepunkt in unserem Leben werden kann. Wir werden vielleicht des Öfteren mit Situationen konfrontiert, die völlig unerwartet kommen und schnelle Entscheidungen erfordern. Veränderungen, Abenteuer und die Möglichkeit neuer Perspektiven verlocken uns, aus alten, festgefahrenen Lebensumständen auszubrechen. Wir können zwar neues Terrain auskundschaften, uns aber nicht festlegen, denn wir müssen frei und flexibel bleiben. Es gilt, sich auf die ständigen Veränderungen und alles Neue einzustellen und die vielfältigen Erfahrungen dieser Phase zu verarbeiten. Weil alles sehr schnell geht und die Ereignisse oft unerwartet kommen, hat es wenig Sinn, feste Pläne zu schmieden; sie wären ohnehin in kürzester Zeit überholt.

In dieser nervösen und unruhigen Verfassung sollten wir jede Hektik vermeiden und besondere Vorsicht walten lassen, um uns vor Unfällen zu schützen. Wir sollten daher unsere Energien auf konstruktive Tätigkeiten lenken und in Hobbys, neuen geistigen Interessen und Weiterbildung nutzbringend einsetzen. Im Gebet und in der Meditation finden wir unsere Mitte, Kraft und Harmonie, die wir jetzt besonders brauchen.

■ Beruf und Finanzen

Der starke Wunsch nach Veränderung kann dazu führen, dass wir unsere Stellung, vielleicht sogar unseren Beruf wechseln. Aufgrund unserer Unzufriedenheit, der inneren Unruhe und dem daraus resultierenden Verhalten, können wir unseren Job verlieren oder selbst aufgeben. Dadurch bekommen wir Gelegenheit, uns mit einem tieferen Sinn in unserer Arbeit zu befassen. Wir suchen nach einer erfüllenden Aufgabe, in der wir uns selbst wiederfinden, einer Tätigkeit, bei der es um mehr geht als nur um Sicherheit, Erfolg, Einkommen und Anerkennung, nämlich um unsere wahre Berufung. Es kann aber auch eine Aufforderung sein, unsere Arbeitsinhalte und Arbeitsmethoden zu überprüfen, und sie mit ethischen Grundsätzen und unserem Gewissen in Einklang zu bringen.

Dies ist die richtige Zeit für Kommunikation, Werben, Reklame und Verkaufen. Wir sind jetzt in der Lage, redegewandt und ausdrucksvoll für uns selbst oder für ein Produkt zu werben. Nun können wir auf lohnende Weise das Geschäftliche mit gesellschaftlichen Aktivitäten verbinden.

■ Beziehungen und Partnerschaft

In dieser Periode werden wir interessanten Menschen begegnen und leicht Freunde finden. Weil dies eine sinnliche Phase ist, in der die sexuelle Anziehungskraft verstärkt wirkt, kann es zu schnellen und heftigen Liebesaffären kommen. Wir werden unsere ganze Selbstdisziplin benötigen, um bei den vielen Versuchungen die richtigen Entscheidungen zu treffen. Zeitweise erscheint es so, als drängten uns andere zu etwas, in Wirklichkeit wurden diese Situationen jedoch durch unser eigenes Bedürfnis nach Veränderung herbeigeführt. Wenn auch der Anstoß von anderer Seite kommt, so ist es letztlich doch nur eine Reaktion, die auf unsere eigene unbewusst ausgesandte Energie erfolgte.

Unser starkes Bedürfnis nach Veränderung könnte dazu führen, dass wir unseren Lebenswandel erheblich verändern, den Partner wechseln oder umziehen. Wenn wir mit Verstand und Disziplin unsere Begierden zügeln und moralische Werte als persönliche Tugenden in den Vordergrund treten lassen, können gegenseitiges Vertrauen und Zuneigung wachsen und uns den tiefen Sinn der Liebe erfahren lassen. Dies kann eine Wende in unserem Leben sein, so oder so. Es liegt an uns, welchen Weg wir wählen.

6 als temporäre Monatsschwingung

Heirat, häusliche Veränderungen, dekorieren und renovieren,
häusliche und gesellschaftliche Verpflichtungen
(Tarot: Die Liebenden – Astrologie: Venus und Zwillinge)

■ Allgemein

Auch in dieser Periode kann es Veränderungen geben, diese stehen aber in erster Linie im Zusammenhang mit unserem Heim und unserer Gemeinde. Die Energien der Sechs drehen sich hauptsächlich um diesen Themenkreis. Veränderungen in unserem Umfeld können durch Heirat oder Scheidung, Geburt oder Tod oder andere Ereignisse erfolgen. Es ist auch möglich, dass wir selbst heiraten, umziehen oder beides zusammen und sich dadurch unsere gesamte Umgebung verändert.

Vorrangig sollten wir uns nun um unser Zuhause kümmern, unseren Sinn für Kunst und Schönheit, der unter dieser Schwingung angeregt wird, kreativ zur Umgestaltung unseres Heimes einsetzen, um ein warmes und anziehendes Ambiente zu schaffen. In der Rolle als Gastgeber können wir unser Bedürfnis nach Gesellschaft, das jetzt ebenfalls verstärkt wirkt, gut zum Ausdruck bringen. Unsere Mitmenschen werden die angenehme Atmosphäre unseres Heimes schätzen und sich in unserer sonnigen Ausstrahlung wohl fühlen. Der Hinweis, sich um das Heim zu kümmern, bedeutet auch, unseren Körper zu pflegen, der unser eigentliches Zuhause ist. Es ist Zeit, sich gründlich untersuchen zu lassen, auf gesunde Ernährung zu achten und ein Körpertraining zu beginnen, um die Muskeln wieder zu straffen.

In dieser Phase fühlen wir auch eine größere Verantwortung für unsere Mitmenschen, die alle spüren. Daher werden sich manche an uns wenden, wenn sie Hilfe brauchen. Manchen können wir unter Umständen schon helfen, indem wir ihnen Trost bieten, wenn sie sich an unserer Schulter ausweinen wollen. Andere bitten uns vielleicht um finanzielle Hilfe; möglicherweise müssen wir auch für einen älteren Menschen die Verantwortung übernehmen. Welche Hilfe wir auch leisten, wir sollten es aus vollem Herzen und freien Stücken tun und uns nicht aus dem Gleichgewicht bringen lassen. Wir müssen jedoch darauf achten, uns keine unnötigen Lasten und Verantwortungen aufbürden zu lassen, denn Verpflichtungen, die wir jetzt übernehmen, müssen bis zum Abschluss durchgestanden werden.

■ Beruf und Finanzen

Im beruflichen Erleben stehen vielleicht notwendige Entscheidungen an. Wir sollten die alten Projekte beenden, die wir schon seit langem im Kopf mit uns herumtragen. Es gilt, sorgfältig darüber nachzudenken, wie wir die Hindernisse, die uns entgegenstehen, überwinden können und nach Abwägen aller Fakten eine klare Entscheidung aus dem Herzen zu treffen, ohne Groll und ohne uns ein Hintertürchen offen zu lassen. Wir müssen vielleicht etwas loslassen, das uns lieb und teuer ist, um etwas anderes zu bekommen, das wir begehren. Mit einem klaren Herzensurteil machen wir uns frei und können uns so auf eine Sache voll und ganz konzentrieren.

■ Beziehungen und Partnerschaft

Weil wir uns in dieser Periode unseren Mitmenschen gegenüber anteilnehmend und einfühlsam zeigen, lassen sich auch Missverständnisse und Differenzen in unserem privaten Umfeld mit Verständnis und Liebe beilegen. Es kann sich daraus eine starke freundschaftliche Beziehung entwickeln. Die Zahl Sechs, im Tarot *Die Liebenden*, weist auf eine große Liebe hin, die uns »unter die Haut« geht. Das kann auf eine neue Verbindung hinweisen oder auch bedeuten, dass wir in der bestehenden Partnerschaft unser großes Glück finden. Vielleicht steht auch eine Entscheidung aus dem Herzen an, die zu einer Heirat führt.

7 als temporäre Monatsschwingung

Reflexion, Ruhe, Gesundheit, Urlaub
(Tarot: Der Wagen – Astrologie: Mond und Krebs)

■ Allgemein

Unter der Schwingung der Sieben gilt es, ruhig und besinnlich zu werden, seine Ziele, Projekte und Beziehungen zu analysieren und über sich selbst und seinen Sinn im Leben nachzudenken. Wir sollten uns Zeit nehmen und auf unsere inneren Signale hören. Wenn wir ganz still und empfänglich werden für den höheren Willen, bekommen wir Kraft und Weisheit für das richtige Vorgehen im Leben. Es ist möglich, dass wir von Intuition, Träumen und Visionen inspiriert werden, daher sollten wir unsere Gedanken zu Papier bringen, denn alles, was wir jetzt schreiben, kann besonders geistvoll und anregend sein. Wenn wir die Energien dieser Phase für geistige Übung und Disziplin im philosophischen und metaphysischen Bereich nutzen (Yoga, Meditation, Religion, Astrologie und Numerologie), werden wir davon profitieren.

In dieser Periode steht uns der Sinn nicht nach Gesellschaft, wir sind lieber alleine oder mit Menschen zusammen, die unsere kontemplative Stimmung ergänzen und fördern. Wir können uns treiben lassen und uns Zeit nehmen, eine tiefe Innenschau zu halten, um die wundervollen Seiten unseres wahren inneren Selbst zu entdecken. Wenn wir uns etwas von der Welt zurückziehen, haben wir die Möglichkeit unsere Erfahrungen zu überdenken und zu verarbeiten.

Unsere Körperkräfte sind jetzt aktiv, doch wir müssen weise damit umgehen, Missbrauch und Überanstrengung vermeiden, da wir sonst Krankheiten und physische Leiden herbeiführen.

■ Beruf und Finanzen

Es ist Vorsicht geboten, wenn irgendwelche rechtliche Abmachungen oder Dokumente zu unterzeichnen sind. Besser ist es, die Angelegenheiten auf einen geeigneteren Zeitpunkt zu vertagen. Sollte dies nicht möglich sein, so sollten wir alles genau prüfen und auf jede eventuelle Fußangel achten, bevor wir unterzeichnen.

Diese Periode eignet sich nicht, um sich mit Geschäften zu belasten oder finanzielle Angelegenheiten voranzutreiben. Wahrscheinlich würden wir sowieso nur auf der Stelle treten. Wir können uns jetzt zurücklehnen, da die Ergebnisse unserer vorangegangenen Bemühungen bereits sichtbar sind. Wir sollten nun abwarten und den Zyklus für uns arbeiten lassen. Manche Angelegenheiten vervollständigen sich ohne unser Zutun auf unerklärliche Weise.

Jetzt ist es angebracht, sich einen Urlaub zu gönnen und über das Erreichte und die Stellung im Leben zu reflektieren. Die Sieben ist auch eine Aufforderung, bei allen beruflichen Aktivitäten zu prüfen, ob und inwieweit die bei unserer Arbeit geltenden Ziele mit unserem Lebensziel und mit den höheren Gesetzen harmonieren.

■ Beziehungen und Partnerschaft

In unseren persönlichen Beziehungen weist die Sieben auf die Möglichkeit einer neuen Verbindung hin. Sie warnt uns auch vor einer allzu leichtfertigen Lösung aus einer alten, gewachsenen Umgebung. Es ist aber ebenso möglich, dass in eine bestehende Beziehung wieder neues Leben kommt und die gewohnte Routine und Ermüdungserscheinungen beiseite gefegt werden.

Auf der Gefühlsebene kommt es darauf an, einen Weg zu finden, der es beiden Partnern erlaubt, eine tiefe Beziehung zum anderen einzugehen, die mit dem eigenen höheren Selbst in Einklang steht. Dazu sind Geduld, Eindeutigkeit und klare Zielvorstellungen notwendig.

8 als temporäre Monatsschwingung

Verantwortung, Geld, Business, Karma, Vitalität, Ausstrahlungskraft, Stärke
(Tarot: Kraft/Lust – Astrologie: Saturn und Löwe)

■ Allgemein

In dieser karmischen Periode ernten wir, was wir gesät haben. Wenn wir in der Vergangenheit weise gesät haben, können wir jetzt eine reiche Ernte erwarten. Jetzt ist die Zeit, in der wir bezahlt werden, aber auch die Zeit, unsere Schulden zu begleichen. Die Früchte unserer Saat sind dann Anerkennung, Belohnung und materieller Gewinn. Dies kann sich in unterschiedlichen Bereichen zeigen. Vielleicht erhalten wir Anerkennung für unsere Arbeit in sozialen oder öffentlichen Diensten, eine Gehaltserhöhung oder ein geschäftliches Unternehmen bringt guten Gewinn. Es ist auch möglich, dass wir eine Erbschaft erhalten als Belohnung für Liebe und Fürsorge, die wir vor langer Zeit jemanden zukommen ließen. Was immer wir bekommen, es ist das Ergebnis vorangegangener Bemühungen. Es zeigt uns, wie wichtig eine gute Aussaat ist.

Stellt das Ergebnis unserer Ernte uns nicht zufrieden, so sollten wir spätestens jetzt beginnen, eine Änderung unserer Gedanken und Einstellungen vorzunehmen, um damit eine neue, bessere Saat zu legen, die geänderte Lebensbedingungen hervorbringt.

■ Beruf und Finanzen

Dies ist ein ausgezeichneter Zeitpunkt, um einem inneren Ruf zu folgen und für geplante geschäftliche Projekte ein solides Fundament zu setzen. In dieser Periode erleben wir eine Phase großer Motivation und außerordentlicher Schaffenskraft. Wir gehen ganz in unserer Arbeit auf, zeigen

Mut und Unternehmungslust und spüren die Freude an unserem Tun und die Vitalität und Stärke, die uns durchströmt. Wenn wir diese kraftvolle Phase nutzen, uns mit voller Kraft und wahrer Leidenschaft für unsere Ziele einsetzen, unbeirrbar, beharrlich und ausdauernd bleiben, dann können wir Erfolg und finanziellen Profit erwarten, denn diese Periode begünstigt unsere Bemühungen.

Wir können jetzt, wenn wir darum bitten, von jenen Hilfe und Unterstützung erhalten, die in einer besseren Position sind und Macht haben. Wenn wir dann selbst einmal in der Lage sind, anderen unter die Arme zu greifen, sollten wir uns wieder daran erinnern. Wir dürfen bei unserem Streben nach der Spitze unsere Freunde und Mitmenschen nicht vergessen. Allen, die nicht dieses hohe energetische Niveau erreicht haben, sollten wir eine Hilfe sein und ihnen unsere Stärke und unseren Beistand angedeihen lassen.

Bei unseren Anstrengungen nach materiellem Erfolg müssen wir darauf achten, dass die Anstrengungen uns nicht unsere Energie rauben, was zulasten unserer Gesundheit gehen würde.

■ Beziehung und Partnerschaft

Die Impulse dieser Zahlenschwingung lassen unsere Beziehungen lebendiger werden. Leidenschaft, Verlangen und eine erhöhte erotische Ausstrahlungskraft zeichnen die Zeit unter einer Acht aus. Es kann in dieser Phase auch zu dramatischen Auftritten kommen. Daher gilt es, die Balance zu finden. Wir sollten uns dem Strom der Liebe hingeben, ohne uns an Triebzwänge zu verlieren. Wenn es uns gelingt, die sexuelle Leidenschaft als Bestandteil unserer allumfassenden Liebe zu sehen – die ohne Anfang und ohne Ende ist – und dies in unserer Beziehung leben, können wir daraus Kraft schöpfen und Farbe in unser Alltagsleben bringen.

9 als temporäre Monatsschwingung
Veränderungen, Beendigung, Barmherzigkeit, Inspiration
(Tarot: Der Eremit – Astrologie: Sonne und Jungfrau)

■ Allgemein

Dies ist eine Phase der Veränderungen und Übergänge mit vielen Anfängen und Zwischenstopps. Die Ereignisse scheinen sich zu überschlagen.

Wir müssen jetzt eine endgültige Auslese vornehmen zwischen Verwertbarem und Unbrauchbarem. Sich von vergangenen Fehlern zu trennen, kann uns emotional sehr berühren und deshalb zögern wir oft, wenn es darum geht, Hindernisse in unserem Leben zu beseitigen. Wenn wir uns jedoch nicht selbst von den Bindungen befreien können, die für unsere Entwicklung nicht mehr dienlich sind, wird es der Zyklus der Neun für uns tun, allerdings ist das dann oft nicht ganz so angenehm.

Eine Reise oder ein Urlaub wären eine gute Möglichkeit, etwas Zeit und Distanz zu gewinnen, um nachzudenken und uns innerlich von den Gefühlsturbulenzen zu trennen, die wir unter dieser Schwingung erleben. Wenn wir uns zurückziehen und Abstand zur Hektik des Alltags gewinnen, wird uns klar, was wirklich zählt und für uns wichtig ist. So kommen wir möglicherweise zu einem Entschluss, der weitreichende Folgen für unsere Zukunft hat.

Beruf und Finanzen

In dieser Periode sind wir mit unseren Vorhaben schon nahe dem Ziel. Wir sollten jetzt keine neuen Verpflichtungen mehr eingehen, sondern alle Projekte, die kurz vor dem Abschluss stehen vollenden. Projekte, die jetzt noch begonnen werden, haben keine lange Lebensdauer. Da dies ein beendender Zyklus ist, kann es gut sein, dass wir die Stellung oder gar den Beruf wechseln. Wir sollten jetzt die Inspiration und die Kräfte dieser Schwingung nutzen, um unsere künstlerischen Fähigkeiten zu entwickeln. Die Ideen, die wir jetzt bekommen, können dann im nächsten Zyklus produktiv verwertet werden.

Die Neun ist im Tarot *Der Eremit*. Unter dieser Schwingung geht es beruflich darum, uns darüber klar zu werden, was wir wirklich erstreben. Es ist eine Zeit der Selbstbesinnung, in der wir möglicherweise unsere bisherigen Vorstellungen von Erfolg, Anerkennung, Prestige, Engagement und Geld völlig in Frage stellen. Wenn uns unser Beruf oder unser Aufgabengebiet trotz Ereignisfülle und Betriebsamkeit nicht mehr befriedigt, wir uns in der Hektik des Alltags selbst aus den Augen verlieren, wird es Zeit, sich zurückzuziehen. In der Ruhe und Abgeschiedenheit des Eremiten bekommen wir Klarheit und finden den Weg zu uns selbst. Daraus können sich weitreichende berufliche Veränderungen ergeben.

■ Beziehung und Partnerschaft

Dies kann eine Zeit der Wohltätigkeit sein. Wir sollten zum Dank für all das Gute, das uns widerfahren ist, nun auch etwas für andere tun. Bestehende Freundschaften können jetzt verstärkt werden und möglicherweise erhalten wir auch Geschenke von Freunden. Vielleicht kreuzt ein alter Freund oder Liebhaber auf, aber es wird nur für eine kurze Zeit sein, vielleicht sogar nur zu einer letzten Begegnung. Es kann sein, dass Kinder das Haus verlassen, aus beruflichen Gründen, um zu heiraten oder weil sie ihr eigenes Leben führen wollen. Vielleicht ziehen wir auch selbst um oder wir verlieren unseren Partner. Wenn wir in dieser Phase der Veränderungen von Menschen, Orten und Umständen getrennt werden, mit denen wir für lange Zeit gelebt haben, dann deshalb, weil sie nicht mehr länger unserer Entwicklung dienen.

10/1 als temporäre Monatsschwingung

Intuition, Gewinn, Glück, unerwartete Wendungen, Wechsel, Neubeginn
(Tarot: Schicksalsrad/Glück – Astrologie: Jupiter und Mars)

■ Allgemein

Die Zehn wird im Tarot durch das Rad des Schicksals symbolisiert und zeigt uns den ewigen Wandel; stetes Werden und Vergehen, Wechsel und Neubeginn. Mit der Zahl Zehn beginnt ein neuer Zyklus und es stehen uns große Veränderungen bevor, zu denen wir manchmal schicksalhaft gezwungen werden. Je nachdem, wie wir unsere Energien in der Vergangenheit eingesetzt haben, zeigen sich jetzt die Umstände in unserem Leben. Wenn wir klug vorgegangen sind, zielstrebig und fleißig waren, erhalten wir unseren gerechten Lohn. Erfolg, Verbesserungen und Aufstieg und materieller Gewinn sind uns dann sicher.

In dieser Phase können oft unerwartete Wendungen eintreten. Vielleicht wird uns etwas geschenkt, worauf wir schon lange gewartet haben. Vielleicht erhalten wir überraschend eine ansehnliche Erbschaft oder einen größeren Gewinn, der es uns ermöglicht, ein neues Leben zu beginnen. Manche Ereignisse erscheinen uns vielleicht als Zufall oder glückliche Fügung, doch das, was uns jetzt widerfährt, ist Ausdruck von Ursache und Wirkung und resultiert aus unserer inneren Einstellung und unseren eigenen Bemühungen in der Vergangenheit.

Wenn wir uns jedoch in unerfreulichen Umständen befinden, so ist jetzt der richtige Zeitpunkt, einen Neubeginn zu starten. Entschließen wir uns nun, an uns zu arbeiten, unsere Einstellung zu ändern und klug zu planen damit wir unsere eigene Zukunft in den Griff bekommen, dann hilft uns die Schwingung der Zehn mit der Drehung des Rades, auf die andere Seite zu kommen. Wir können jetzt damit anfangen, unser Leben neu zu gestalten, um zu erreichen, was wir uns wünschen. Unsere innere Einstellung bestimmt, ob es eine Wende zum Schlechteren oder zum Besseren wird.

■ Beruf und Finanzen

Im beruflichen Umfeld kann es ebenfalls große Veränderungen geben. Innovative Ideen und Neuanfänge kennzeichnen diese Phase. Vielleicht bekommen wir unerwartet eine besondere Stellung, die wir schon lange angestrebt haben oder verwirklichen einen Traum und gehen einer Berufung nach. Sollte unsere berufliche Situation nicht zufriedenstellend sein, gilt es auch hier, jetzt eine Wende herbeizuführen und die Überlegungen und Erkenntnisse aus der Neun mit einzubeziehen. Wenn wir bereit sind, unser Schicksal selbst in die Hand zu nehmen, können wir alles ändern und mit der Unterstützung des aufsteigenden Zyklus rechnen.

■ Beziehung und Partnerschaft

Wir können jetzt unsere Beziehungen harmonisieren. Indem wir unsere Einstellung verändern, ändert sich auch das Verhalten der Menschen uns gegenüber. So können wir Differenzen mit früheren Gegnern aus der Welt schaffen. Wenn wir noch keinen Partner haben oder in einer problematischen, unbefriedigenden Beziehung leben, gilt es, unsere Aufgabe zu verstehen und zu erkennen, was wir daraus zu lernen haben, bevor es aufwärts gehen kann. Durch die Einsicht und Änderung unseres Standpunktes können wir eine glückliche Wende in unserer Partnerschaft und in unseren Umständen herbeiführen.

11/2 als temporäre Monatsschwingung

Tests, Gleichgewicht, Objektivität, Fairness, Inspiration, Kunst,
Entscheidungen

(Tarot: Gerechtigkeit/Ausgleichung – Astrologie: Uranus, Waage)

■ Allgemein

In dieser Periode geht es um die klare, objektive Erkenntnis, um Ausgewogenheit und Fairness und eine gerechte Beurteilung. Dies ist eine Zeit
der Prüfungen und Herausforderungen, in der wir auch zu unserem
Recht kommen. Finanzielle Regelungen und gegenseitige Abkommen
können jetzt zu aller Zufriedenheit getroffen werden. Es kann möglicherweise zu gerichtlichen Schritten kommen, die irgendwie mit Geld zu tun
haben. Vielleicht machen wir eine Erbschaft oder werden zum Verwalter
einer solchen oder eine rechtliche Angelegenheit findet einen fried-
lichen Abschluss.

Viele Ereignisse kommen überraschend und erfordern dann schnelles
und entschlossenes Handeln. Es kann eine aufregende Zeit sein, denn
diese Schwingung treibt alles schnell voran. Trotzdem sollten wir nicht
impulsiv reagieren, sondern geduldig und tolerant sein. Es gilt, eine
innere Balance zu finden. Wir sollten uns dazu entscheiden, uns nun
endgültig von alten, überholten Gedankenmustern, die negative Situationen erzeugt haben, zu befreien. Es ist jetzt Zeit, zu einer geänderten
Einstellung zu finden, die in Zukunft wünschenswertere Ergebnisse
bringt.

Die Zahlen 11, 22, 33, und 44 werden Leitzahlen genannt. Sie verstärken
die Schwingungen der Grundzahlen, auf die sie reduziert werden können (11/2, 22/4, 33/6, 44/8). In Zeiten mit der Zahlenschwingung der Elf
erleben wir eine erhöhte Wahrnehmung und ein erweitertes religiöses,
mystisches und mediales Bewusstsein. Deshalb sollten wir jetzt diese
Energie dazu nutzen, unsere verborgenen intuitiven und übersinnlichen
Gaben zu fördern und daraus etwas Nützliches entstehen zu lassen. Ein
Seminar im metaphysischen Bereich kann uns helfen, die nervöse Energie dieser Schwingung zu organisieren. Übereifer und Fanatismus sollten
wir jedoch vermeiden.

Indem wir uns jetzt mit Kunst umgeben, Theater, Konzerte und Ausstellungen besuchen, stimulieren wir unser kreatives Potenzial. Wenn wir
uns auf die Energie dieser Periode einstimmen, können wir unter sol-

chen Einflüssen Träume, Offenbarungen und Visionen bekommen, da unser Geist aufs Höchste sensibilisiert ist.

■ Beruf und Finanzen

Es kann sein, dass wir uns in einer Situation befinden, in der es angebracht ist, uns Gedanken über eine Weiterbildung zu machen. Wenn dies zutrifft, wird sich uns in dieser Periode die Möglichkeit erschließen, eine Schule, einen entsprechenden Kurs oder ein Seminar zu besuchen. Entwickeln wir unsere Talente und Fähigkeiten, ist es möglich, dass jemand diese entdeckt und uns eine verheißungsvolle berufliche Chance bietet oder wir ernten sonstwie Anerkennung für unsere Bemühungen. Es kann aber auch sein, dass wir uns über unsere Aufgaben und Ziele klar werden müssen, um nüchtern und selbstkritisch zu einem entschieden getroffenen Urteil über unsere weitere Vorgehensweise zu gelangen. Möglicherweise geht es darum, uns über die Ziele unserer Arbeit und den Einsatz der Mittel klar zu werden oder aber einen angemessenen Ausgleich zwischen Arbeit und Freizeit zu finden. Wenn wir die intensiven Energien der Elf für etwas nutzen, das es uns wert ist, können wir jetzt mehr erreichen als in jedem anderen Zyklus. Wie wir uns auch entscheiden, wir haben die Folgen selbst zu tragen, denn wir ernten, was wir säen.

■ Beziehungen und Partnerschaft

Wenn es Komplikationen in den persönlichen Verbindungen gibt, können diese jetzt mit einer positiven und versöhnlichen Haltung zur Zufriedenheit aller Beteiligten geregelt und beigelegt werden. Es geht auch im Bereich von Liebe und Beziehungen um Fairness und Ausgewogenheit und um eine Partnerschaft, in der beide ebenbürtig und gleichwertig sind.

12/3 als temporäre Monatsschwingung

Wartephase, Veränderung der Sehweise, Umkehr, Unterwerfung
(Tarot: Der Gehängte – Astrologie: Jupiter und Neptun)

■ Allgemein

Wir stecken in einer Krise und müssen erkennen, dass wir nicht weiterkommen. Im Tarot zeigt uns die Zahl 12 den Gehängten, mit dem Kopf nach unten an einem Fuß aufgehängt. Durch seine Haltung ist der Gehängte handlungsunfähig, sieht die Dinge jedoch aus einer völlig anderen Perspektive. Das zeigt in etwa auch die Situation, in der wir uns im Moment befinden. Wir haben das Gefühl festzusitzen oder »in der Luft zu hängen«. Daher sollten wir jetzt eine Pause einlegen und uns zurückziehen, um über die Umstände in unserem Leben nachzudenken. Wenn unser Verhältnis mit unserem Umfeld in Disharmonie geraten ist und Probleme vorherrschen, dann müssen wir erkennen, dass wir diese selbst durch unsere Gedanken und unsere Einstellung verursacht haben. Wir haben uns in eine feste Vorstellung verrannt und eine falsche Position eingenommen. Es geht darum, die Dinge jetzt von einer anderen Warte aus zu betrachten und in die richtige Perspektive zu rücken.

Wir dürfen uns nicht vom äußeren Erscheinungsbild blenden lassen und sollten lernen, den wahren Kern der Dinge zu erkennen. Unser Schicksal annehmen heißt, anzuerkennen, dass wir mit unseren Gedanken alles selbst verursachen. Die negativen gedanklichen Vorgänge der Menschen sind auch dafür verantwortlich, dass auf der Welt Not, Elend und Aggressionen entstehen. Indem wir selbst die Verantwortung übernehmen, unsere Gedanken kontrollieren und in eine positive Richtung lenken, geben wir unserem künftigen Schicksal eine neue Bestimmung. Sobald wir in unserem Inneren Harmonie schaffen, wird sich diese auf unsere Umgebung auswirken und die äußere Disharmonie beseitigen. So erreichen wir, dass wichtige Elemente des Lebens wieder die ihnen zustehende Bedeutung erlangen.

In der Stille können wir uns mit der tief in uns verborgenen Macht verbinden und falsche Denkweisen erkennen. Geistige Entspannung und Meditation helfen uns, die innere Quelle zu finden, die uns die Dinge im richtigen Licht sehen lässt. Unsere innere Umkehr beeinflusst unsere äußeren Umstände. Mit der Änderung unserer Einstellung zu den Situationen, Menschen und Dingen bewirken wir eine Wandlung. Affären und Probleme werden sich von selbst auflösen, ohne besondere Anstrengung. Vielleicht werden sich einige Situationen, die durch negative Gedanken verursacht wurden, noch zuspitzen, doch durch beharrliches Beibehalten des begonnenen Kurses werden sie sich harmonisieren. Es können möglicherweise auch Opfer in Form von Schicksalsprüfungen und Verzicht notwendig werden. Wir sollten uns aber diesen Kräften nicht widersetzen, sondern akzeptieren, dass sie von uns selbst verursacht wurden. Wenn wir einfühlsam und passiv bleiben, fließen wir mit den Energien dieser Schwingung und erreichen so, was wir anstreben. Jetzt ist es besser, alles aufmerksam zu beobachten und den Zyklus für uns arbeiten zu lassen. So ziehen wir den größten Nutzen aus dieser Zahlenschwingung. In jeder Hinsicht ist diese Phase eine Zeit der Meditation und Besinnung.

■ Beruf und Finanzen

Auch im beruflichen Erleben ist eine neue Sichtweise der Dinge erforderlich. Es gilt, alte Verhaltensmuster, falsche Wertvorstellungen und allgemeine Weltbilder über Bord zu werfen. Wir müssen davon ausgehen, dass diese Zahlenschwingung Verzögerungen bringt: Projekte gehen nicht voran und Beförderungen lassen auf sich warten, die Suche nach einer neuen Tätigkeit verläuft erfolglos und Pläne verlaufen im Sand. Dies soll jedoch dazu dienen, die Zeit zu nutzen, unsere Lage zu analysieren um festgefahrene Haltungen aufzugeben, damit wir für die Entwicklung neuer Potenziale offen werden. Es erscheint uns oft schwierig, lieb gewordene Standpunkte zu opfern. Doch wenn wir uns nicht dazu durchringen, dann stellt uns das Leben auf eine harte Geduldsprobe und immer wieder vor die gleichen Probleme, bis wir eine neue Einstellung zu den Dingen einnehmen. Erst wenn die alten Strukturen zerstört und aufgelöst sind, können wir weiterkommen. Wir können immer wählen: entweder uns hängen zu lassen und klagend weiter zu leiden, ohne dass sich etwas verbessern wird, oder umzudenken und auf einem neuen Weg voranzuschreiten.

■ Beziehungen und Partnerschaft

Ob wir zurzeit ohne Partner sind und zu keiner vertrauensvollen Beziehung finden oder in einer verfahrenen Verbindung festsitzen, aus der wir am liebsten ausbrechen würden, wir müssen uns mit der gegenwärtigen Situation abfinden, auch wenn wir sie als höchst unangenehm empfinden. In einer festgefahrenen Beziehung sollten wir versuchen, uns einmal in die Lage des Partners zu versetzen, um die Situation aus seinem Blickwinkel zu sehen. So gewinnen wir ein anderes Bild, das zu mehr Verständnis führt. Wir müssen lernen, diese Probleme als einen Teil unseres Lebensweges zu akzeptieren, uns in Geduld zu fassen und offen zu sein für neue Erkenntnisse – dann werden sich viele Probleme von selbst

lösen. Vor allem sollten wir jetzt nicht versuchen, Entscheidungen zu er-
zwingen, sondern durch passives Beobachten, Nachdenken und Meditation den Zyklus für uns arbeiten lassen.

13/4 als temporäre Monatsschwingung
Wandel, Befreiung, Transformation
(Tarot: Der Tod – Astrologie: Erde und Skorpion)

■ Allgemein
Die Zahl dreizehn wird oft als Unglückszahl angesehen und man begegnet ihr mit großem Misstrauen, weil sie durch den Tod dargestellt wird.
Doch sie bedeutet nicht Tod im physischen Sinne, sondern steht für Veränderungen – für den Tod aller Umstände, die uns an unserer persönlichen Weiterentwicklung hindern. Eingefahrene Denkweisen, fixe Ideen,
die uns hemmen, ungünstige Bedingungen; sie alle müssen zerstört werden, um Platz zu schaffen für neue und bessere. Erst durch die Zerstörung
gegenwärtiger Umstände werden wir offen für den Fortschritt. Das Loslassen der Vergangenheit ermöglicht eine Erneuerung in Form von Veränderungen, die unser Wachstum fördern. Wir können neue Ideen und
neue Pläne entwickeln und neue Menschen kennen lernen, was wiederum die Entstehung neuer, ungeahnter Möglichkeiten bedeutet. So gesehen ist der Tod gleichzeitig eine Geburt; er ist lediglich eine Veränderung von einem Seinszustand in einen anderen. Wenn z. B. ein Musiker
mit einem wundervollen Musikstück über Nacht bekannt wird, ein Maler
mit einem phantastischen Bild der große Wurf gelingt oder ein Erfinder
mit einer genialen Idee in den Blickpunkt der Öffentlichkeit rückt, so stirbt
er als unbekannter und wird als berühmter Mensch neu geboren. Wir sterben auf einer Ebene des Seins, um auf einer anderen wiedergeboren zu
werden. Transformation ist das Schlüsselwort für diese Zahl. Wandel ist
die bedeutungsvollste Kraft für die Entwicklung der Schöpfung. Wandel
ermöglicht uns, unser Leben neu zu gestalten und zu neuen Ufern aufzu-
brechen. Dabei bleibt die Vergangenheit zurück, wir nehmen Abschied
von alten Ordnungen und begeben uns auf die Reise.
Diese Periode kann uns sogar großes Glück bereiten, wenn wir die richtigen Entscheidungen treffen. Möglicherweise sind vielleicht gar keine
eigenen körperlichen Aktivitäten notwendig; wir brauchen nur die ein-

tretenden Ereignisse richtig einordnen, und nutzen so die Hilfe der zyklischen Kräfte der Natur.

■ Beruf und Finanzen

Erneuerung steht auch in diesem Bereich auf dem Plan. Dies bedeutet wahrscheinlich das Ende unserer bisherigen Tätigkeit, wenn Projekte, Geschäfte und Hoffnungen sterben. Wir müssen uns bereithalten für neue Aufgaben und Herausforderungen. Das Ende des einen ist als Anfang von etwas Neuem zu werten. Wenn unser Geist bereit ist, den Tod als positive Wandlung zu begreifen, begeben wir uns auf eine höhere Ebene in der Spirale unserer Entwicklung. Akzeptieren wir, dass alles ein Ende hat, dann können wir uns davon ohne Bitterkeit verabschieden und dem Neuen zuwenden. Eine geänderte innere Einstellung führt zu äußeren Veränderungen, neuen Möglichkeiten und Lebensumständen.

■ Beziehungen und Partnerschaft

Der Tod bedeutet Abschied und Ende und ist damit Wegbereiter für das Neue und Kommende. In privaten Beziehungen kann der Tod das Ende einer bestehenden Partnerschaft anzeigen. Wir dürfen uns gegen diesen Abschied nicht wehren und versuchen, den Partner festzuhalten. Ablehnung und Wut würden nur dazu führen, dass wir in einem See der Verzweiflung ertrinken und ein Fortkommen verhindern. Akzeptieren wir dagegen die eintretende Entwicklung und treffen jetzt die richtigen Entscheidungen, kann eine sehr positive Entwicklung eintreten, da dies die Zeit der Wiederherstellungen ist. Auch ohne große Anstrengungen unsererseits können Umstände eintreten, die uns ein neues Glück bringen.

14/5 als temporäre Monatsschwingung

Aktives sexuelles Prinzip, Schwangerschaft, Verpflichtungen in Familie und Gesellschaft, Wettbewerb, die Notwendigkeit zur Überprüfung (Tarot: Mäßigkeit – Astrologie: Merkur und Schütze)

■ Allgemein

Wir werden eine Reihe von Erfahrungen machen, die uns zwingen, unser Tempo zu vermindern, um über unser früheres Verhalten genauer nachzudenken. Vielleicht müssen wir auch unseren Lebensstil ändern und unsere sexuellen Vorlieben etwas mäßigen. Das sexuelle Prinzip, das jetzt aktiv ist, kann in eine Schwangerschaft münden. Der schöpferische Akt kann aber ebenso in eine andere Richtung gelenkt werden und ein geistiges Produkt hervorbringen. Dies kann eine geniale Idee für eine Erfindung sein, eine musikalische Komposition, ein Buch, ein Gemälde oder anderes.

Unter der Schwingung der Vierzehn können uns übersinnliche Wahrnehmungen helfen, eine Analyse der Situation vorzunehmen und Möglichkeiten zu finden, um untragbare Bedingungen zu ändern. Wir sollten dabei auf unsere innere Stimme hören und ihr vertrauen. Auch unsere Träume können uns jetzt dazu Hinweise geben. Manches lässt sich jetzt zu unseren Gunsten beeinflussen, da unsere Ratschläge ernst genommen werden. Mit Taktgefühl, Diplomatie und Überzeugungskraft können wir andere für unsere Ziele gewinnen.

Gleichzeitig besagt diese Zahl, dass es an der Zeit ist, unsere bisher verborgenen Begabungen aufzudecken und zu aktivieren und damit eine neue Lebensqualität zu erfahren. Es geht darum, bewusst Gegensätze ins Spiel zu bringen, die richtige Mischung zu finden und dabei unsere innere Vielfalt um neue Perspektiven zu erweitern. Die Zahl vierzehn ist im Crowley-Tarot die Kunst (Alchemie). Harmonie, Ausgeglichenheit, Gelassenheit und Seelenfriede sind ihre Merkmale. Daher steht diese Zahl für die Kunst, im Für und Wider mit uns selbst ins Reine zu kommen und damit Körper, Geist und Seele in Harmonie zu bringen. Indem wir diese Einheit herbeiführen sind wir auch im Einklang mit dem großen Ganzen. Das wiederum wird auch unsere Gesundheit wesentlich beeinflussen.

■ Beruf und Finanzen

Im beruflichen Alltag bringt die Vierzehn uns eine Zeit des Friedens und der ruhigen Entwicklung. Da das Thema dieser Zahl das Mischen und Zusammenführen ist, gelingt es uns unter dieser Schwingung leichter als sonst, Gegensätze miteinander zu verbinden. Gleichzeitig lernen wir Gelassenheit und die Fähigkeit, Aufgaben ohne Stress in Ruhe zu lösen. Geldgeschäfte und andere Transaktionen können sowohl in kommerziellen als auch bei politischen Vorhaben erfolgreich sein, wenn wir alle Alternativen reiflich abwägen. Missachten wir aber die Risiken, die mit der Vierzehn verbunden sind, kann das zum Scheitern von Geschäften und zum Verlust von Besitz führen.

◼ Beziehungen und Partnerschaft

Indem wir mit uns selbst ins Reine kommen, schaffen wir Harmonie in unserem Umfeld. Durch Konzentration und mentale Übermittlung liebevoller Gedanken können wir zusätzlich Einfluss auf die Harmonisierung unserer Beziehungen nehmen. Auch unsere Ratschläge finden Gehör, was sich durchaus zu unserem Vorteil auswirken kann. Unter dieser Zahlenschwingung ist die sexuelle Kraft besonders aktiv und kann zu einer Schwangerschaft führen. Damit kann jetzt vielleicht der Wunsch nach einem Kind in Erfüllung gehen. Verpflichtungen im familiären und gesellschaftlichen Bereich müssen wir jetzt sorgfältig bedenken.

15/6 als temporäre Monatsschwingung

Unentschlossenheit, Fesseln, Freiheit, Gelächter, Unterscheidung
(Tarot: Der Teufel – Astrologie: Venus und Steinbock)

◼ Allgemein

Die Zahl fünfzehn wird im Tarot durch die Karte *Der Teufel* dargestellt. Es fällt schwer, alle Facetten dieser Figur zu erfassen, da sie für jeden ein eigenes Gesicht trägt. Sie hat aber in jedem Fall etwas mit der Erfahrung von Abhängigkeit, Willenlosigkeit, im Scheitern guter Vorsätze sowie mit Handlungsweisen zu tun, die gegen unsere Überzeugung verstoßen. Diese Zahlenschwingung bringt uns mit unseren dunklen Seiten in Berührung. Es sind unsere Schwächen, Begierden und heimlichen Laster, wie Faulheit, Geltungsdrang, Eifersucht, Intrigen, Aggression und andere Schattenseiten, die im Alltag zum Vorschein kommen. Das können auch so genannte Notlügen sein, jemanden zu übervorteilen, kleine Intrigen, über andere zu lästern, sich das Maul zu zerreißen oder auch nur schlecht über jemand zu denken, vielleicht auch manches, das am Rande der Legalität liegt. Wer ist schon ganz frei davon?

Die Fünfzehn bedeutet aber auch Zögern und Unschlüssigkeit, was sich oft in einer »Ja, aber ...«-Haltung zeigt. Sie kann ebenso darauf hinweisen, dass wir irgendwelchen fixen Ideen nachjagen oder Angst vor dem Bösen in der Welt haben. Wir übersehen dabei, dass alles was uns im Außen begegnet, nur der Spiegel unserer eigenen Innenwelt ist. Dieser Spiegel im Außen macht uns auf unsere Schattenseiten und Fehler aufmerksam, weil wir sie bei uns selbst nicht sehen. Darin liegt unsere

Chance. Wir können nur etwas ändern, wenn wir damit bei uns selbst beginnen. Unter der Fünfzehn ist es zwingend notwendig, sich zu entscheiden, welche Erfahrungen in dieser Phase befreiend wirken und welche beschränkend sind. Jedes Zögern führt zu Unschlüssigkeit und damit zu Lähmung. Wir dürfen uns nicht durch Äußerlichkeiten beeinflussen und dadurch die Wirksamkeit unserer Handlungen vermindern lassen. Daher ist jetzt Unterscheidungsvermögen gefordert. Wenn wir danach trachten, unsere persönlichen Bedürfnisse zufrieden zu stellen, müssen wir dabei auf unsere Gesundheit achten.

Vielen Problemen können wir die Spitze brechen, indem wir nicht alles so ernst nehmen. Wenn wir die eigenen und die Schwächen anderer tolerieren und darüber lachen können, ist es uns möglich, friedvolle und akzeptable Lösungen zu finden. In heiklen Umständen ist manchmal lachen – oder auch lächerlich machen –, die beste Verteidigung gegen das Böse. Heiterkeit ist der Schlüssel, um schwierige Situationen zu entschärfen. Lachen reinigt die Seele und hilft dem Körper, sich selbst zu heilen.

■ Beruf und Finanzen

In dieser Zeit sollten wir Vorsicht walten lassen und keine Verträge oder Abmachungen unterschreiben. Die materielle Seite des Lebens wird jetzt hervorgehoben. Es ist möglich, dass wir die Gunst des Lebens und unserer Mitmenschen in Form von Gefälligkeiten oder finanziellen Zuwendungen erfahren. Möglicherweise werden wir auch davor gewarnt, uns auf Geschäfte einzulassen, die nicht ganz unbedenklich sind und uns mit dem Gesetz in Konflikt bringen können. Vielleicht müssen wir sogar befürchten, bei einer Weigerung Gesundheit, Besitz oder unsere Freiheit zu gefährden. In jedem Fall müssen wir uns bewusst werden, nicht gegen unsere eigenen Überzeugungen zu handeln.

Im beruflichen Umfeld werden wir mit Erfahrungen konfrontiert, die mit der Ausübung von Macht zu tun haben. Ob wir nun von anderen beherrscht werden oder uns selbst in einer Machtposition befinden, es gilt sich stets vor Augen zu halten, dass beide Seiten – Täter und Opfer, Beherrscher und Beherrschter – Gegenpole einer Energiespirale sind, die sich gegenseitig ergänzen. Die Fünfzehn warnt uns auch davor, materiellen Dingen zu großes Gewicht zu geben oder einem Machtrausch zu erliegen.

■ Beziehungen und Partnerschaft

Der Teufel steht nicht nur für Verführung und Leidenschaft, sondern weist auch auf tief in uns verborgene Triebe und Begierden hin und unsere eigene Furcht davor. Er warnt uns, fehlgeleitete Entwicklungen in unseren Beziehungen zu übersehen, die uns das Leben vergiften: Hörigkeit, Unterdrückung oder Sado-Masochismus. Diese Zahlenschwingung gibt uns die Chance umzulernen und unsere Schatten als ungelebte Möglichkeiten zu erkennen. Wenn wir dieses Potenzial in die richtigen Bahnen lenken und ausleben, beschert uns das einen freieren persönlichen Ausdruck. Wir sollten uns keinesfalls an Menschen binden, die uns zu unterdrücken suchen. Wenn wir uns von Äußerlichkeiten zu stark beeinflussen lassen, zerstören wir die Harmonie in unserer Partnerschaft. Wir sollten die Schwächen unserer Mitmenschen mit Humor sehen und sie als Spiegel unserer eigenen Unzulänglichkeiten erkennen. So bringen wir Nachsicht und Verständnis auf, die zu einer harmonischen Beziehung beitragen.

16/7 als temporäre Monatsschwingung

Liebe, Affären, Gesundheit, Unfälle, Erweckungen
(Tarot: Der Turm – Astrologie: Mond und Mars)

■ Allgemein

Da in dieser Periode eine sehr intensive Energie vorherrscht, sollten wir Risiken vermeiden, die zu Konflikten oder Unfällen führen können. Oft kommt es unter dieser Zahlenschwingung zu jähen und unerwarteten Ereignissen, die notwendig sind, um die derzeit bestehenden Bindungen abzubrechen. Fehler in unseren Vorstellungen und Gewohnheiten müssen korrigiert werden. Da wir häufig selbst nicht in der Lage sind zu erkennen, dass wir uns in fixe Ideen verrannt haben und unser Seelenleben verkrustet und verhärtet ist, hilft das Leben etwas nach und reißt uns aus festgefahrenen Situationen. Wir werden dadurch gezwungen umzudenken und uns neu zu orientieren.

Der Turm symbolisiert den nutzlosen Versuch, sich durch Strukturen wie in einer Festung abzusichern, um das unvorhersehbare Schicksal unter Kontrolle zu bringen. Der Preis für diese scheinbare Bastion aber ist, dass wir dann Gefangene unserer Vorstellungen sind und ständig um unsere Sicherheit bangen.

Wenn wir die Sicherheit versprechende Materie zu unserem vorrangigen Ziel erheben, statt die höher schwingende, transzendierende Erkenntnis zu suchen, igeln wir uns in diesem Turm ein, der dann zu unserem Gefängnis wird. Wir glauben oft, dass materielle Dinge oder Strukturen – z. B. die Absicherung durch ein festes Gehalt, durch Verträge und Abmachungen oder ein eigenes Geschäft – uns Sicherheit geben könnten. Doch das ist ein Trugschluss, denn wir können diese Dinge ganz unvorhergesehen wieder verlieren. Je mehr wir uns abzusichern versuchen, desto mehr bauen wir uns selbst ein Gefängnis; denn solche scheinbaren Sicherheiten machen uns bequem und unflexibel. Wir fürchten uns dann vor dem möglichen Risiko einer Veränderung – was uns lähmt und uns an unserer kreativen Entfaltung hindert. So werden wir manchmal – zu unserem Besten – vom Schicksal gewaltsam aus diesem Gefängnis befreit, indem wir unsere Stellung verlieren, sei es weil der Betrieb verkauft oder dicht gemacht wird, weil eine geschäftliche Partnerschaft zerbricht oder ein verlustreiches Geschäft ein Ende findet.

Meist sind die Zeichen für solche bevorstehenden Veränderungen schon längere Zeit vorher ersichtlich gewesen, doch wir wollten sie nicht wahrhaben. Zur Befreiung, aus der Verstrickung in diese Strukturen, ist die gewaltsame Sprengung des vermeintlichen Schutzgebäudes notwendig. Durch die damit verbundenen plötzlichen Veränderungen, die uns im Moment sehr schmerzvoll treffen, stehen wir unerwartet vor einem Scherbenhaufen. Erst wenn sich der Staub gelegt hat, wird die Sicht frei für den bisher verborgenen Reichtum und die Möglichkeiten, die wir vorher aus lauter Lebensangst nicht erkennen konnten.

In dieser Zeit kommen wir mit unserer Intuition in Berührung und unsere schöpferische Natur erwacht. Eine blitzartige Erkenntnis lässt uns die selbstsüchtige, materialistische Einstellung bewusst werden, die wir nun ändern können. Wir sollten auf die Ratschläge unserer inneren Stimme achten und den Energieschub dieser Periode nutzen, um Pläne für neue Ziele zu schmieden, aus denen sich plötzlich ausgezeichnete Zukunftsperspektiven ergeben.

■ Beruf und Finanzen

Beruflich sollten wir keine Risiken eingehen, denn es kann sonst zu geschäftlichen Rückschlägen und finanziellen Verlusten kommen. In Extremfällen kann dies mit einem Skandal, Bankrott oder im Gefängnis enden. Wenn wir in einer festen Anstellung sind, kann es zu einer plötzlichen Kündigung kommen, sei es durch den Zusammenbruch eines Unternehmens oder durch unser eigenes Verhalten. Wie schmerzlich diese Vorfälle auch sein mögen und welche Verluste wir dadurch zu beklagen haben, diese Explosion befreit uns aus einer festgefahrenen und meistens unerträglich gewordenen Situation. Sobald sich die Wogen geglättet haben, werden wir erleichtert aufatmen, weil wir fühlen, dass wir aus einem – wenn auch selbstgemauerten – Gefängnis befreit worden sind. So werden diese Ereignisse zu einem Durchbruch, der zu uns selbst führt und uns Möglichkeiten in Bereichen eröffnet, für die uns aus Angst bisher der Blick verstellt war. Unter der Sechzehn ist die Gefahr zwar groß, Verluste zu erleiden, solange wir jedoch nicht von Besitztum besessen sind, birgt sie auch die Chance für finanziellen Gewinn, Wohlstand und Ruhm.

■ Beziehungen und Partnerschaft

In Sachen Liebe können wir durchaus Probleme und bittere Enttäuschungen erleben, indem wir unsere Liebe der falschen Person schenken. In einer bestehenden Partnerschaft kann ein dramatischer Umbruch eintreten, der lieb gewordene Vorstellungen ins Wanken bringt und eine Beziehung beendet, an der wir aus Verlustängsten zu sehr festhielten. Oft kommen unter der Zahlenschwingung sechzehn bisher immer wieder unterdrückte seelische Konflikte zum Ausbruch. Die Trümmer der alten Beziehung geben den Weg frei für völlig neue Erfahrungen und eine unabhängigere Lebensform. Auch unser Stolz kann dazu führen, dass Ärger in unserer Beziehung zur Trennung führt und wir dadurch in eine persönliche Isolation geraten.

17/8 als temporäre Monatsschwingung

Glück, Belohnungen, Reisen, Meditation, Unterstützung
(Tarot: Der Stern – Astrologie: Saturn und Wassermann)

■ Allgemein

Mannigfaltige Unterstützung kann uns jetzt zuteil werden, denn diese Zahl verspricht uns eine glückbringende Periode. Das Glück hält viele Möglichkeiten für uns bereit: es können Geschenke sein oder eine Belohnung, vielleicht erhalten wir berufliche Anerkennung, eine Gehaltserhöhung oder werden befördert. Auch öffentliche oder geschäftliche Bemühungen können von Erfolg gekrönt sein und Gewinn bringen. Mit der Hilfe, die wir jetzt empfangen beginnen für uns bessere Zeiten. Der Ursprung für das Glück im Außen liegt in uns selbst. Hier wird das Gesetz von Ursache und Wirkung sichtbar. Unsere positive Einstellung hat eine positive Entwicklung zur Folge. Wir sind jetzt fest entschlossen, alle Hindernisse zu überwinden und mit dem derzeitigen Elan gelingt es uns auch, alle Probleme zu lösen.

Wir sollten jetzt daran gehen, unsere Verhältnisse, unsere häusliche und berufliche Umgebung in Ordnung zu bringen. In dem wir uns damit befassen, unser Haus oder unseren Schreibtisch aufzuräumen, signalisieren wir unserem Unterbewusstsein, eine innere Klärung herbeizuführen. So können Träume und Visionen entstehen, die uns die künftige Richtung weisen. Wir haben jetzt eine großartige Chance, unser Leben neu zu organisieren und sollten sie nutzen.

Unsere Intuition und schöpferischen Talente sind jetzt besonders ausgeprägt. Wir können durch Meditieren versuchen, Ideen »an Land zu ziehen« die lange in unserem Unterbewusstsein brach gelegen haben. Wenn wir mit einer Frage in die Meditation gehen und mit ruhiger Erwartung der Antwort entgegensehen, kommen wir zu wertvollen Erkenntnissen und erleuchtenden Ideen. Auf diese Weise lassen sich viele Probleme leichter lösen.

Auf keinen Fall dürfen wir zulassen, dass sich Zweifel einschleichen, denn sie würden Pessimismus und Depressionen heraufbeschwören. In dieser Zeit sollten wir uns nicht auf oberflächliche, sinnliche Reize beschränken, sondern unsere innere Quelle aufspüren und die Verbindung zu unserem höheren Selbst suchen. Erfreulicherweise werden gesundheitliche Probleme sich jetzt bessern. Diese Zeit ist günstig für eine See- oder Flugreise, wenn es die Situation sinnvoll erscheinen lässt.

■ Beruf und Finanzen

Unsere beruflichen Ziele stehen jetzt unter einem guten Stern. Vielleicht erhalten wir für unsere Leistung oder Führungsqualitäten besondere Anerkennung, die eine bedeutende berufliche Laufbahn und Einkommenssteigerung zur Folge haben. Wir können auch berechtigte Hoffnungen auf Erfolg in eine selbstständige oder freiberufliche Tätigkeit setzen, die wir planen oder beginnen. Die Entschlüsse, die wir jetzt treffen, werden Auswirkungen bis in die ferne Zukunft haben. Erst viel später wird uns klar werden, welche entscheidenden Weichen wir in dieser Zeit gestellt haben.

■ Beziehungen und Partnerschaft
Die Siebzehn steht für neue, langfristige Perspektiven in einer bereits bestehenden Beziehung. Sie kann aber auch auf die Sehnsucht und Hoffnung oder die Aussicht auf eine neue, feste Partnerschaft hindeuten. Sie warnt uns hier davor, Vorsicht walten zu lassen, damit wir unsere Beziehung nicht dazu benutzen, nach Befriedigung ungestillter Kindheitswünsche zu suchen.

Unsere Worte besitzen zurzeit eine große Überzeugungskraft und haben großes Gewicht. Daher ist es wichtig, unseren Mitmenschen gegenüber ehrlich zu sein.

18/9 als temporäre Monatsschwingung
Vorsicht, Träumen, Heilen, Körperpflege
(Tarot: Der Mond – Astrologie: Fische und Sonne)

■ Allgemein
Jetzt müssen wir das Tempo unseres Alltags etwas drosseln und uns mehr den Bedürfnissen unseres Körpers widmen. Aufgrund der momentanen Turbulenzen in unserem Leben und der extrem lebhaften Phantasie ist unsere Traumaktivität auf einem Höhepunkt, was zu unruhigen Nächten führt. Die Achtzehn weist uns darauf hin, dass im Moment nichts wichtiger ist als wir selbst und unser Körper. Jetzt sollten wir einmal ausschließlich an uns und unsere Gesundheit denken. Zeiten stiller Kontemplation ermöglichen es uns, unseren Geist zur Ruhe zu bringen und unsere Gesundheit zu verbessern. Jetzt ist eine gute Gelegenheit, sich mit alternativen Heilmethoden und Ernährungsweisen zu befassen und mit allem, was unserer Gesundheit dienen kann. Wenn wir uns in der Meditation mit unserer inneren Führung verbinden, wissen wir, was für uns am besten ist. Ein Körpertraining oder ein Gymnastikprogramm sowie viel Bewegung an frischer Luft regen den Stoffwechsel an, ausreichend Schlaf sorgt für die notwendige Regeneration. Dies ist umso wich-

tiger, als weiter anhaltende Ruhelosigkeit zu körperlichen Problemen führen.

Unter dieser Zahlenschwingung ist es besser, wichtige geschäftliche Entscheidungen auf einen günstigeren Zeitpunkt zu verschieben. Da wir also im Moment nur auf der Stelle treten würden, wäre es sinnvoller, einen ruhigen Erholungsurlaub oder eine Kur zu machen und Abstand zu der Hektik des Alltags zu gewinnen. Wenn wir uns entspannen, musikalische Darbietungen wie ein Konzert, eine Oper oder Operette besuchen oder uns zuhause entspannender Musik hingeben, wird unsere Phantasie und Kreativität angeregt und neue Ideen und Pläne können entstehen.

■ Beruf und Finanzen

In finanziellen Dingen und bei Geschäften sollten wir jetzt sehr achtsam sein. Im Moment ist es besser, keine Dokumente und Verträge zu unterzeichnen oder – wenn es sich nicht aufschieben lässt – äußerste Vorsicht walten zu lassen, da Täuschungen, Lügen und Betrügereien zu befürchten sind. Diese Phase ist gekennzeichnet von Unsicherheit am Arbeitsplatz, Versagensängsten und Mutlosigkeit. Vielleicht befürchten wir auch, keine befriedigende Anstellung zu bekommen oder nicht den passenden Beruf zu finden.

Neue Ideen und Pläne entstehen nun in unserer Vorstellung. Wir sollten ihnen aber zuerst einmal Zeit zum Reifen lassen. Es ist jetzt nicht die richtige Zeit, neue Vorhaben zu beginnen. Stattdessen sollten wir Überlegungen anstellen, die zu einer Änderung unserer derzeitigen Umstände führen können und sollten unserer Intuition vertrauen, die uns besser leiten kann als unser Verstand.

Wenn wir uns nach innen wenden, wird unsere Phantasie und Kreativität gestärkt und wir können diese im Außen zum Ausdruck bringen.

■ Beziehungen und Partnerschaft

Bei Schwierigkeiten in persönlichen Angelegenheiten ist es besser, behutsam vorzugehen. Entscheidungen, die wir zu eilig oder ohne gebührende Sorgfalt treffen, können zu Familienstreitigkeiten oder Unfällen führen. Jetzt können wir unsere Beziehungen in Ordnung bringen und offene Fragen klären.

19/1 als temporäre Monatsschwingung

Liebe, Ehe, Belohnungen, Überwindung von Hindernissen, Neuanfänge
(Tarot: Die Sonne – Astrologie: Mars und Sonne)

■ Allgemein

Mit unserer kreativen und produktiven Arbeit in der zurückliegenden Zeit haben wir uns einen guten Ruf geschaffen. Ehrenbezeugungen und Belohnungen unterschiedlichster Art können auf uns zukommen. Unter dieser Zahlenschwingung sind wir voll Ehrgeiz und Energie. Wir schaffen es jetzt, alle Hindernisse zu überwinden und unserem Leben neuen Aufwind zu verleihen. Wir können all unsere Zielvorstellungen erreichen, wenn wir die gegebenen Gelegenheiten nutzen und unerschütterlich an unsere eigenen Fähigkeiten glauben.

Diese Periode beinhaltet einen gänzlichen Neubeginn, der Wachstum und Erfolg verspricht. Doch wenn wir zu sehr unseren Wünschen nachgeben, werden wir unachtsam, wir versäumen Verabredungen und lassen die gebotenen Chancen ungenutzt. Das kann uns und andere in Schwierigkeiten bringen, zu ungültigen oder unheilvollen Verträgen, großen Verlusten und einer ungewissen Zukunft führen. Deshalb ist es ratsam, überlegt zu handeln.

■ Beruf und Finanzen

Ein Neuanfang hat jetzt gute Aussichten für die Zukunft und verspricht erfreuliche Erfahrungen. Wir sind voll Ehrgeiz und Elan, können ruhig einiges wagen und auch Risiken eingehen, denn das Glück ist uns hold. Wir erkennen, dass man mit versöhnenden Gesten und Großzügigkeit am ehesten weiterkommt. So werden starre Fronten aufgebrochen und wir finden neue Lösungswege für bisher festgefahrene Situationen. Dabei müssen wir darauf achten, allzu impulsive Reaktionen zu vermeiden. Mit einer warmen, positiven Ausstrahlung gelingt es uns am besten, unsere Mitmenschen zu überzeugen und zu motivieren. Unsere derzeit sonnige Art verleiht uns eine glückliche Hand in materiellen Dingen, wodurch diese positive Entwicklung noch verstärkt wird.

■ Beziehungen und Partnerschaft

Mit einer großzügigen Haltung kommen wir am leichtesten zum Ziel und so gelingt es uns, das Vertrauen unserer Mitmenschen zu erringen. Wenn

wir versöhnlich die Hand reichen, schaffen wir es, alte Streitigkeiten beizulegen und Meinungsverschiedenheiten zu bereinigen. Indem wir innerlich alte Kriegsbeile endgültig begraben, wird der Weg frei für einen
wirklichen Neuanfang. Auf diese Weise wird es ebenso möglich, ein er-
freuliches Wiedersehen mit Freunden und eine Zusammenführung mit
Familienmitgliedern zu erreichen.

Auch in unseren alltäglichen Beziehungen wechseln wir so auf die »Son-
nenseite des Lebens«. In der Neunzehn erfahren wir das eigentliche
Wesen der Sonne: Sie ist die Kraft, die grenzenlos gibt, ohne sich selbst
dabei aufzugeben. Die wohltuende Wärme der Sonne erleben wir auch
in einer Beziehung, die auf gegenseitigem Vertrauen, Respekt und Güte
basiert. Die Neunzehn gilt als Schwingung der Liebe und eine Ehe unter
dieser Zahl verspricht großes Glück und eine glückliche Hand in materiellen Angelegenheiten.

20/2 als temporäre Monatsschwingung

Wendepunkte, Entscheidungen, Bewusstsein, Anpassungsfähigkeit,
Wiederaufbau
(Tarot: Das Gericht/Das Aeon – Astrologie: Vulkan und Saturn)

■ Allgemein

In dieser Periode können ganz unverhofft Ereignisse eintreten und uns
Entscheidungen abringen, die eine Wende in unserem Leben herbeiführen. Es kann ein Ortswechsel oder ein neuer Beruf notwendig werden. Ebenso ist es möglich, dass eine neue Beziehung flexibles Denken,
Fühlen und Handeln erfordert. Wir dürfen uns der Notwendigkeit zum
Wandel nicht entgegensetzen, doch wir sollten alle auf uns zukommen-
den Situationen genau analysieren, und vor jeder Entscheidung das Pro
und Kontra sorgfältig abwägen. Dies führt dazu, dass wir unser eigenes
Wesen und unsere Anpassungsfähigkeit genauer kennen lernen. Es gilt
jetzt, einen Plan für die Zukunft auszuarbeiten, der schon bald in die Tat
umgesetzt werden kann. Nur wenn wir keine Zeit verschwenden und entschlossen handeln, um die Realisierung unserer Ideen vorzubereiten,
können wir verhindern, dass Nervosität, Ruhelosigkeit und Leerlauf entstehen. Wir erleben jetzt eine Wachstumsperiode, in der wir die Samen
für unsere zukünftige Entwicklung legen. Wenn wir nach reiflicher Über-

legung vernünftige Entschlüsse fassen, wird die Energie dieses Zyklus uns helfen, unsere Pläne zu verwirklichen.

■ Beruf und Finanzen

Die Bereitschaft zum Umdenken ist auch im beruflichen Bereich erforderlich, damit es zu einem Neubeginn kommen kann. Unter der Energie der Zwanzig geht es darum, veraltete Standpunkte über Bord zu werfen und das Augenmerk nicht mehr auf einzelne Teile zu richten, sondern auf den Gesamtzusammenhang – das große Ganze. Es ist eine gute Zeit zur Planung: wir sollten unsere kreativen Energien umsetzen und ihnen Gestalt verleihen. Wenn wir entschlossen aber umsichtig handeln, werden sich unsere Pläne schon bald verwirklichen lassen. Selbst wenn es bei uns nicht um eine neue Stelle, einen neuen Beruf oder um eine zukünftig selbstständige Tätigkeit geht, so ist die Zwanzig trotzdem ein Hinweis auf »ein neues Zeitalter«, in dem vieles anders sein wird als vorher.

■ Beziehungen und Partnerschaft

Auch in unseren Beziehungen wird es zu einem Neubeginn kommen. Dies kann die Verbindung mit einem neuen Lebensgefährten sein oder die Wiederbelebung einer alten Beziehung bedeuten, die einen Neuanfang erfährt. Möglicherweise wird eine bestehende Beziehung durch ein Kind bereichert und erlebt dadurch einen Neubeginn.

21/3 als temporäre Monatsschwingung

Reisen, Veränderungen, Belohnungen, Erfolg, neue Welten
(Tarot: Die Welt / Das Universum – Astrologie: Jupiter und Saturn)

■ Allgemein

Wir erleben jetzt eine sehr machtvolle Periode, in der sich die alte Ordnung verändert und Platz geschaffen wird für Neues. Unseren Augen enthüllt sich eine Welt, die beste Voraussetzungen für die Realisierung von Wünschen, Plänen und Erwartungen bietet. Jede erkennbare Gelegenheit sollten wir jetzt ergreifen und nutzen. Bereits begonnene Projekte können erfolgreich zu Ende gebracht, neue, die noch in der Vorbereitungsphase stecken, sollten jetzt verwirklicht werden, um die hohe Erfolgsquote dieser Periode zu nutzen. Es ist eine Phase des Gewinns. Wenn wir die Chancen wahrnehmen, die sich jetzt bieten, können wir lange gehegte Träume realisieren.

Auf der Ebene unserer inneren Erfahrung werden wir feststellen, dass wir einen wichtigen Schritt hin zur Selbstfindung gemacht haben. Unser Unterbewusstsein entwickelt sich jetzt schneller als sonst und es besteht ein großes Bedürfnis nach Freiheit, Selbstverwirklichung und Vergnügen. Wir können unser Leben in vollen Zügen genießen. Möglicherweise zieht es uns in weit entfernte Länder oder wir pflegen internationale Kontakte. Auch ein Wechsel der Wohnung kann als Folge dieser Phase eintreten.

■ Beruf und Finanzen

Die Zeichen stehen auf Erfolg: Äußere Aktivitäten und unsere inneren Lebensziele finden zu einer neuen, harmonischen Übereinstimmung. Geistige und materielle Investitionen tragen jetzt reiche Frucht. Ziele werden erreicht und Projekte zu einem guten Ende geführt. Es gilt, den Platz zu finden, an dem wir unsere wahre Berufung erkennen können. Das kann sogar zu einem Wechsel des Berufes führen. Um geschäftliche Verluste zu vermeiden, sollten wir fachkundigen Rat einholen.

■ Beziehungen und Partnerschaft

Ein zunehmendes Bedürfnis nach Sicherheit und Schutz führt dazu, dass in dieser Periode vermehrt Hochzeiten stattfinden. Sind wir noch ohne Lebensgefährten, werden wir vielleicht bald die entscheidende Begegnung erleben. Befinden wir uns bereits in einer Beziehung, genießen wir das Glück und die Zuverlässigkeit unserer Partnerschaft. Wir empfinden die Bereitschaft, vorbehaltlos zu lieben und Partnerschaft nimmt einen hohen Stellenwert ein. Die Einundzwanzig kann auch eine Geburt anzeigen, als Elixier der Liebe.

Menschen, die negativ eingestellt sind neigen dazu, die emotionale Kontrolle zu verlieren und empfinden die Verantwortung für die Familie als Last. Darüber verpassen sie Gelegenheiten und Chancen.

Der Einfluss
der Planeten
auf Tage
und Stunden

Die Planeten und ihr Einfluss

Siehe hierzu bitte Tabelle
»Planetenstunden und -tage« auf Seite 173.

Für die Bestimmung des richtigen Zeitpunkts sind neben dem geeigneten Jahr und Monat auch Tag und Stunde von Bedeutung. Die Qualität der Tage und Stunden wird in erster Linie von den Eigenschaften des jeweils vorherrschenden Planeten bestimmt. Dazu kommen dann noch, wie wir etwas später sehen werden, die Einflüsse der jeweiligen Mondkonstellation. Zuerst aber zum Einfluss der Planeten.

Alle sieben Wochentage sind einem bestimmten Planeten zugeordnet, beginnend mit der Sonne für Sonntag, dann folgt der Mond für Montag, Mars für Dienstag, Merkur für Mittwoch, Jupiter für Donnerstag, Venus für Freitag, Saturn für Samstag. Jedem dieser Planeten wird eine spezifische Energie zugeschrieben, die auf den jeweiligen Tag einwirkt.

Sonne ☉

* Einfluss: Wohltäter.
* Attribute: elektrisch, männlich, Tagesgestirn, feurig.
* Verkörpert: das höhere Ego, die Lebenskraft, Vitalität.
* Beeinflusst: das innerste Sein des Menschen, unsere Ausstrahlung und unser Selbstbewusstsein, begünstigt Beförderungen und unser berufliches Weiterkommen.
* Begünstigt: hohe Beamte, Priester, Manager, Juweliere und Goldschmiede.
* Positiv: verhilft uns zu einer guten Lebenseinstellung und Gunst von Höherstehenden und einflussreichen Personen.

Venus ♀

* Einfluss: Wohltäter. Steht die Venus im Westen, wirkt sie günstiger auf die Frauen, im Osten wirkt sie günstiger auf die Männer.
* Attribute: magnetisch, weiblich, zieht Kraft an sich, irdisch, Nachtgestirn.

- Verkörpert: Liebe und Rhythmus der Frauen, Meditation, Bildkraft und Erkenntnis.
- Beeinflusst: alle Beziehungen, den Verdienst und die weibliche Sexualität.
- Begünstigt: Liebes-, Persönlichkeits- und Geschäftsbeziehungen, Verhandlungs- und Vertragsbemühungen, künstlerische Tätigkeit und Freizeit.
- Positiv: für Frauen, die Liebe, Heirat und Vergnügen.

Merkur ☿

- Einfluss: neutral, jedoch beeinflusst von anderen Planeten-Aspekten.
- Attribute: elektrisch und magnetisch (männlich/weiblich).
- Verkörpert: Kausalität, Überbringer, Zirkulation.
- Beeinflusst: die Beweglichkeit des Verstandes.
- Begünstigt: Handel, Kauf und Verkauf aller Art, Vermittlung, Industrie, Reisen, Journalisten und Schriftsteller, Redner, Medien, Wissenschaft, Propheten und Futurologen.
- Positiv: für den Beginn eines Studiums, das Schreiben von Briefen und Unterzeichnen von Verträgen.

Mond ☽

- Einfluss: neutral, jedoch sehr abhängig von Planetenaspekten.
- Attribute: magnetisch, weiblich, Nachtgestirn, zieht Kraft an sich, wässriges Gestirn.
- Verkörpert: Weiblichkeit, Fruchtbarkeit, Reinkarnation, Persönlichkeit, Macht, Zeitqualität.
- Beeinflusst: die Fruchtbarkeit, Mutterschaft, die Familie, die Kinder, das Zuhause.
- Begünstigt: alle Wasseraktivitäten, Reisen, Handel, Schiffe, Neuunternehmungen.
- Positiv: für Umzüge, Reisen und alles, was nicht von langer Dauer sein soll.

Saturn ♄

- Einfluss: Übeltäter, zusammen mit dem Mond wirkt er besonders kräftig, sowohl positiv als auch negativ.

- Attribute: magnetisch, weiblich, zieht Kraft an sich, irdisch, Tagesgestirn.
- Verkörpert: Mental- und Geisteskraft, Selbstsucht, Beschützer der Mystiker und Magier.
- Beeinflusst: alle Prozesse, die der Konservierung (Erhaltung) dienen.
- Negativ: wenig beginnen, Erkrankungen sind ernster als sonst.

Jupiter ♃
- Einfluss: Wohltäter.
- Attribute: elektrisch, männlich, sendet Kraft aus, Tagesgestirn.
- Verkörpert: Religion, Moral, Geist und Seelenleben, Wortkraft, Resonanz und Denkkontrolle.
- Beeinflusst: Glück, Gesundheit, Reichtum, Erziehung, Beziehung und Sympathie, gute Veranlagung.
- Begünstigt: Religion, Philosophie, Heilberufe, gute Geschäfte, Spekulationen und Rechtsangelegenheiten.
- Positiv: für die Gunst von Personen, Leihen und Verleihen von Geld, Verkauf.

Mars ♂
- Einfluss: Übeltäter, wirkt jedoch günstig mit der Sonne und ungünstig mit dem Mond.
- Attribute: elektrisch, männlich, feurig, Tagesgestirn.
- Verkörpert: Kampf, Intuition und Gestaltung.
- Beeinflusst: Energie, Tempo, Kampf (dadurch Gefahr), praktische Aktivitäten, Sport, Krieg, männliche Sexualität, Mut und Körperkraft.
- Begünstigt: Ingenieure, Maschinen.
- Negativ: nichts Wichtiges unternehmen.

Die Stunde – ein Mondenrhythmus

Der Stundenrhythmus spielt für die Psyche des Menschen eine große Rolle. Wir können uns über alles, was wir erleben, sehr schnell Gedanken machen, doch wenn es darum geht, ein angemessenes Gefühl für eine Situation zu entwickeln, dann dauert es etwas länger. Bis wir etwas soweit verinnerlicht haben, dass wir die Folgen abzuschätzen wissen und zum Handeln bereit sind, ist die Dauer einer Stunde notwendig. Bei Verkaufsgesprächen, Vorträgen oder anderen Veranstaltungen kann man beobachten, dass die meisten Menschen recht genau nach einer dreiviertel Stunde erstmals auf die Uhr schauen. Für erfahrene Verkäufer und versierte Redner ist das ein Alarmzeichen und sie geben der Situation dann oft mit Humor eine geschickte Wendung. Nach ziemlich genau 45 Minuten lässt unsere Aufmerksamkeit nach, so als würde eine innere Stimme warnen: Wenn du jetzt weitermachst, wird das für dich Konsequenzen haben. Es wird sich etwas ändern. Du wirst nicht mehr der Gleiche sein. Wir können dieses Phänomen auch im praktischen Leben für uns nutzen. Wollen wir uns innerlich entwickeln oder etwas lernen, so sollten wir uns mit den Dingen, die uns am Herzen liegen, möglichst eine Stunde lang beschäftigen. Es ist die Zeit, die wir brauchen, um das Konservative in uns zu überwinden, den Willen, dass alles beim Alten bleiben soll, wofür der Mond als kosmisches Symbol steht.

Eine Stunde ist auch genau die Zeit, die der Mond braucht, um sich am Firmament um die Strecke weiterzubewegen, die seinem Durchmesser entspricht. Deshalb kann der Mond auch nur eine Stunde lang einen Stern verdecken.

Die Qualität der Stunden

Auch die Stunden eines Tages sind Himmelskörpern zugeordnet. Alles erwächst aus der Dunkelheit. So steht es auch in der Schöpfungsgeschichte geschrieben. Der Herr schuf Himmel und Erde, bevor er sprach: »Es werde Licht!« Jede Pflanze beginnt ihr Wachstum als Samen in der Dunkelheit der Erde, bevor sie ans Licht tritt. Auch Tiere beginnen ihr Leben in der Dunkelheit des Mutterleibes oder eines Eis. Wir Menschen erleben ebenfalls zuerst neun Monate Dunkelheit in der pränatalen Phase, bevor wir das Licht der Welt erblicken. So beginnt auch jeder Tag bereits am Abend: um 18 Uhr des Vortages. Der Name Sonnabend weist noch daraufhin, dass der Sonntag schon am Abend des sich neigenden Samstags beginnt und zwar mit der Sonnenstunde. Jeder Tag beginnt jeweils mit der Stunde, die dem gleichen Planeten zugeordnet ist. Die

Mondstunde, um 18 Uhr des Sonntags, ist der Beginn des Mon(d)tages und der Dienstag hat seinen Anfang mit der Marsstunde, um 18 Uhr des Vortages. Dies setzt sich fort bis zum Samstag, der in der Saturnstunde des Freitags seinen neuen Start findet.

■ Sonnenstunden

Beste Zeit für: den Edelsteinhandel, Juweliere, Goldschmiede, den Staatsdienst, hohe Beamte, Priester, Manager.

Günstig für: Kontaktanbahnung und Vorsprache bei Vorgesetzten, Höherstehenden und einflussreichen Personen, für Begünstigungen und Beförderungsgesuche, Gesuche und Bemühungen für Gehaltserhöhung und Beförderung. Bestens geeignet, sich um nahestehende Personen zu kümmern, Freundschaften zu beginnen und zu pflegen.

Negativ für: Bankwesen, Geld zu verleihen, Handel allgemein, Hausbau, Tierkauf.

■ Mondstunden

Beste Zeit für: die Schifffahrt (Handel und Reisen), Matrosen, Wirte, Köche, Gärtner, Jäger, Frauenberufe, häusliche Berufe, übersinnliche Berufe.

Günstig für: den Antritt einer Reise, Baubeginn von Wasseranlagen, Kauf von Tieren über 30 kg Gewicht.

Negativ für: den Geldverkehr, Erwerb von Grundstücken, Immobilien und Liegenschaften.

■ Marsstunden

Beste Zeit für: Ärzte, Chemiker, Apotheker, Ingenieure, alle metallverarbeitenden Berufe, wie Schlosser, Schmied, Maschinenbau, Waffentechnik usw., für Militärangestellte, Polizei, Schlachter, Abenteurer.

Günstig für: den Ein- und Verkauf von allen Eisen- oder Stahlwaren, ebenso gut um behördliche Bewilligungen für solche Produkte zu bekommen.

Negativ für: Reiseantritt, Freundschaftsbünde, Liebe, Verlobung und Ehe.

■ Merkurstunden

Beste Zeit für: Akademiker, Lehrer, Schriftsteller, Medienangestellte, Redner, Vortragende, Bankkaufleute, Post- und Bahnbedienstete, Mitarbeiter in der Luftfahrt, Hellsichtige.

Günstig für: Kreativität, Kauf und Verkauf (Handel allgemein), Urkunden- und Vertragsunterzeichnung, insbesondere Reise- und Bankverträge, auch für Befruchtung von Pflanzen, Bäumen und Sträuchern.
Negativ für: Hauskaufverträge und Eheverträge.

■ Jupiterstunden

Beste Zeit für: Juristen, Regierungs- und Gemeindeangestellte, Kirchenkünstler, Priester, Gelehrte, Magier, Politiker.
Günstig für: Verkauf, Verleih, Vermittlung und Geldverkehr, Entschlüsse, die im Leben vorwärts bringen, Vorsprache bei Justizpersonen und Verhandlungen mit solchen, den tatsächlichen Prozessbeginn, den Umgang mit männlichen Ordensleuten, esoterischen Energieverstärkern (z. B. Pyramiden), ebenso für priesterlichen Segen (Verlobung, Ehe, Haussegen), magische Handlungen.
Negativ für: den Kauf von Pflanzen, Tieren und Waffen.

■ Venusstunden

Beste Zeit für: Kunst- und Modebranche, Schönheitsberufe, Produktion und Handel von Körperpflege- und Duftmitteln, Tanzlehrer, Tänzer, Vergnügungsberufe und Fremdenverkehr, Ernährungsberufe, Produktion und Handel von Lebensmitteln.
Günstig für: Liebe, Heirat, Ehe, Freundschaft, Vergnügen, Tanz, Reisen aufs Land, Frauenveranstaltungen, Glück durch Frauen.
Negativ für: den Beginn einer Reise auf dem Wasserweg.

■ Saturnstunden

Beste Zeit für: Landarbeiter, Bauern, Maurer und alle Berufe, die Erde, Holz und Steine bearbeiten; Berg-, Hütten-, Hoch- und Tiefbauarbeiter, Architekten und Immobilienhändler.
Günstig für: den Erwerb von Grundstücken, Immobilien und Liegenschaften, Abschluss und Kündigung von Miet- und Pachtverträgen, Grundstückserwerb für Land- und Forstwirtschaft sowie Bergbau, günstig auch für Landwirtschaft, Obst-, Garten- und Bergbau sowie den Ein- und Verkauf von Schwermetallen und Strahlungsprodukten.
Negativ für: Eheverträge, Kontakte mit Vorgesetzten, Höherstehenden und einflussreichen Personen, den Beginn von Geldanlagen und Geldgeschäften sowie den Beginn von Freundschaften.

Jede Planetenstunde tritt täglich drei- bis viermal auf, jedoch nicht an jedem Tag zur selben Zeit, sondern immer etwas versetzt. Das ist sehr von Vorteil, weil die Eigenschaften und Vorteile dieser Stunden durch die Verschiebungen zu unterschiedlichen Tageszeiten genutzt werden können. Lassen sich bestimmte Aktivitäten nur zu bestimmten Tageszeiten ausführen – z. B. in vorgegebenen Geschäftszeiten oder nach Feierabend – dann sucht man sich eben den entsprechenden Tag aus, an dem die geeignete Planetenstunde in der gewünschten Zeit vorherrscht. Wenn jedoch ein bestimmter Tag vorgegeben ist, so stehen einem an diesem Tag drei oder vier Möglichkeiten für die geeignete Planetenstunde zur Verfügung.

Im Zusammenwirken der unterschiedlichen Impulse der Planeten auf Tag und Stunde ergeben sich verschiedene Kombinationen, die nachfolgend dargestellt sind. Die Einflüsse des jeweiligen Tagesplaneten können die Eigenschaften der Planetenstunde verstärken oder abschwächen. Danach haben die Planetenstunden an den Tagen, die dem gleichen Planeten zugeordnet sind, eine andere Qualität als an jedem anderen Tag. Das heißt, die Qualität einer Sonnenstunde am Sonntag ist anders als am Montag, Dienstag oder Mittwoch und die Qualität einer Mondstunde am Montag anders als an den folgenden Tagen. Dies gilt auch für alle weiteren Planetenstunden.

Es gibt sympathische und antipathische Planetenaspekte; damit ist gemeint, dass einige Planeten miteinander harmonieren und einander positiv verstärken, während andere von gegensätzlichen Energien geprägt sind, die sich nicht vereinbaren lassen. Alle Konjunktionen zwischen den Planeten, die in den folgenden Tagesbeschreibungen nicht angegeben sind, gelten als sympathisch.

Die Planetentage

Jeder Wochentag ist einem bestimmten Planeten zugeordnet. Bei den Tagesnamen erkennt man in unserem Sprachgebrauch nur noch bei wenigen ihre Herkunft. Bei Sonntag (Sonnentag) und Montag (Mondtag) lässt sich noch leicht eine Verbindung herstellen, bei den übrigen ist es in anderen Sprachen noch gut zu erkennen. So heißt z. B. Dienstag auf spanisch Martes (Marstag), Mittwoch heißt Mercules (Merkurtag), Donnerstag Jueves (Jupitertag), in Frankreich wird der Freitag Vendredi (Venustag) genannt und im Englischen lässt sich der Saturday leicht als (Saturntag) erkennen, der bei uns Samstag genannt wird.

Sonntag ☉ Sonnentag

Beste Zeit für: den Edelsteinhandel, Juweliere, Goldschmiede, Manager, Priester, den Staatsdienst, hohe Beamte.

■ in Sonnenstunden:

Positiv für: die Kontaktanbahnung und Vorsprache bei Vorgesetzten, Höherstehenden und einflussreichen Personen, für Begünstigungen und Beförderungsgesuche, Bemühungen um Beförderung und Gehaltserhöhung, um sich um nahe stehende Personen zu kümmern, Freundschaften zu beginnen oder zu pflegen, Streitigkeiten beizulegen und zur Versöhnung, um Aussprachen mit Kollegen oder Mitarbeitern zu führen, seine Feinde in Freunde zu verwandeln und um Goldschmuck zu verschenken, wenn man dadurch eine Verbindung zu einem Menschen herstellen oder festigen will.

Negativ für: Bankwesen, um Geld zu verleihen, für den Handel allgemein, ebenso für den Hausbau und Tierkauf.

■ in Sonnenstunden (Mond im Löwen 1. oder 2. Tag):

Positiv: eine ausgezeichnete Zeit, um neue Unternehmungen zu beginnen, die auf Gunst, Glück, Reichtum und Einfluss abzielen oder das Erreichte bewahren und festigen sollen; zerrüttete Beziehungen zu harmonisieren und zu versöhnen, Sonne und Wärme in erkaltete Liebesbeziehungen zu bringen oder das Verhältnis zu den Kindern zu erwärmen und zu festigen.

■ in Saturnstunden:

Negativ: es kommt zu Spannungen, aber auch zu Beeinträchtigungen des Immunsystems und der Gesundheit allgemein.

■ in Jupiterstunden:

Positiv: diese Zeitqualität fördert Gebete, Segnungen und heilige Zeremonien.

■ **in Marsstunden:**
Positiv: diese Energie stärkt die Durchsetzungsfähigkeit und die Fähigkeit der Selbstverteidigung in einer positiven Angelegenheit.

Montag ☾ Mondtag
Beeinflusst: das Zuhause, die Fruchtbarkeit, Mutterschaft, Familie, Kinder.
Günstig für: alle Wasseraktivitäten, Reisen, Handel, Schiffe, Neuunternehmungen.

■ **in Mondstunden:**
Positiv für: die Schifffahrt (Handel und Reisen), Matrosen, Wirte, Köche, Gärtner, Jäger (diese sollten in dieser Zeit alles für ihren Erfolg Förderliche beginnen oder das Erreichte festigen), Frauenberufe, häusliche Berufe, übersinnliche Berufe; um Verlorenes, Verlegtes und Gestohlenes zurückzuholen; für Mentaltraining, Visualisierung, Zukunftsvisionen, sowie für alles, was einer Tätigkeit als Seher, Zukunftsdeuter oder Futurologe dient; für den Antritt einer Reise, den Baubeginn von Wasseranlagen und den Kauf von allem, was mit Wasser zu tun hat, auch zum Beginn von Wasser- und Wintersport, um Schutzbauten gegen Schnee und Blitzableiter zu installieren und zum Kauf oder Verschenken von Perlen, Smaragden und Opalen.
Negativ für: den Geldverkehr, den Erwerb von Grundstücken, Immobilien und Liegenschaften.

■ **in Mondstunden (Mond im Stier, Steinbock oder in der Jungfrau):**
Positiv: um Verlorenes, Verlegtes und Gestohlenes zurückzuholen und um bei Gebeten den »Diebesbann« zu sprechen.

■ **in Saturnstunden:**
Positiv: ausgezeichnet für alle magischen Arbeiten geeignet.
Negativ: Spannungen des Gemüts, man wird auch empfänglich für seelische und mentale Beeinflussung.

■ **in Jupiterstunden:**
Positiv für: rituelle Arbeiten, Anfertigung und Kauf von rituellen Gebrauchsgegenständen, das Aufstellen von Pyramiden, Rituale für materielle Bedürfnisse.

■ **in Venusstunden:**
Positiv für: alles, was die Liebe stärkt und festigt.

Dienstag ♂ Marstag

■ **in Marsstunden:**
Positiv für: Ärzte, Apotheker, Chemiker, Ingenieure, alle metallverarbeitenden Berufe wie Schlosser, Schmied usw.; für Maschinenbau, Waffentechnik, die Polizei und Zollfahnder, Militärangestellte, Schlachter, Abenteurer; um Gesuche zu schreiben, Ämter und Menschen zu kontaktieren, die hilfreich für den Beginn einer Laufbahn beim Sport oder bei der Polizei sein können oder eine Anstellung in diesen Bereichen bieten; für den Ein- und Verkauf von allen Eisen- oder Stahlwaren sowie für den Kauf von Autos und Maschinen, für den Bau von Schutz- und Sicherungsanlagen oder um solche zu installieren und um behördliche Bewilligungen für solche Produkte zu bekommen; zum Beten für Frieden und Kriegsgefallene; zur Förderung der Potenz.
Negativ für: den Antritt einer Reise, für Freundschaften, Liebe, Verlobung und Ehe.

■ **in Marsstunden (Mond im Widder 1. Tag):**
Positiv: besonders günstig für den Kauf von Autos und Maschinen.

■ **in Merkurstunden:**
Positiv für: den Einsatz geistiger Kräfte, Mentalsuggestion und Hypnose.

■ **in Saturnstunden:**
Negativ: Wir sollten uns vor Schwarzmagie und allem Dunklen schützen.

■ **in Sonnenstunden:**
Positiv: Diese Zeitqualität stärkt die Durchsetzungsfähigkeit.

■ **in Mondstunden:**
Negativ: Ausgefallene Wünsche und Taten können zum Durchbruch kommen.

Mittwoch ☿ Merkurtag
Beeinflusst: die Beweglichkeit des Verstandes.
Günstig für: Vermittlung, Handel, Industrie, Reisen, Journalisten und Schriftsteller, Redner, Medienangestellte, Wissenschaft, Propheten und Futurologen.

■ **in Merkurstunden:**
Positiv für: Akademiker, Lehrer, Schriftsteller, Medienangestellte, Redner, Vortragende, Bankkaufleute, Post- und Bahnbedienstete, Mitarbeiter in der Luftfahrt und Hellsichtige.
Günstig für: Kreativität (diese Stunden eignen sich gut, wenn es darum geht, »Wunder« zu bewirken, seien es Erleuchtungserlebnisse, Erscheinungen oder Erkenntnisse für die Zukunft); Kauf und Verkauf (Handel und Geschäfte allgemein); Urkunden- und Vertragsunterzeichnung, insbesondere Reise- und Bankverträge; literarische Tätigkeit, Redekunst (das Aufsetzen von Reden oder das Halten von Vorträgen, besonders über die Themen Handel, Wissenschaft und Zukunft); Astrologie; das Pflanzen von Bäumen und Sträuchern.
Negativ für: Hauskauf- und Eheverträge; Merkur ist auch der Gott der Diebe und Eintreiber, daher Vorsicht vor Täuschern und Dieben.

■ **in Merkurstunden (Mond in den Zeichen Zwillinge, Waage, Wassermann):**
Positiv für: das Sprechen oder Beten mit Engeln und Schutz-Wesenheiten sowie lieben Verstorbenen.

■ **in Jupiterstunden:**
Negativ: Die Energie dieser Stunden führt zu überreiztem Denken und die Gefahr von Streit.

■ **in Saturnstunden.**
Positiv für: Meditation, Inspiration für den Intellekt.

■ in Marsstunden:

Positiv für: den Einsatz geistiger Kräfte. Mentalsuggestion und Hypnose wird von der Energie dieser Stunden unterstützt.

Donnerstag ♃ Jupitertag

Beeinflusst: Glück, Gesundheit, Reichtum, Erziehung, Sympathie und Beziehungen, gute Veranlagungen.

Günstig für: Geschäfte, Spekulationen, Rechtsangelegenheiten und alles, was mit Religion, Philosophie und Heilberufen zu tun hat.

■ in Jupiterstunden:

Positiv für: Juristen, Regierungs- und Gemeindeangestellte, Gelehrte, Priester, Kirchenkünstler, Politiker, Magier; Verkauf, Verleih, Vermittlung und den Geldverkehr; für die Vorsprache bei Justizpersonen und Verhandlungen mit solchen oder den Beginn eines Prozesses; auch für den Umgang mit männlichen Ordensleuten und esoterischen Energieverstärkern (z. B. Pyramiden) sowie für priesterlichen Segen (Haussegen, Verlobung, Ehe); für Entschlüsse, die uns im Leben vorwärts bringen; auch um unsere Vorhaben mental vorzubereiten und richtig zu kanalisieren; um alles Notwendige in die Wege zu leiten; für Gesundheit und Freundschaft, Reichtum und Ehre; um Briefe an Gläubiger zu schreiben sowie für magische Handlungen.

Negativ für: den Kauf von Pflanzen, Tieren und Waffen.

■ in Jupiterstunden (Mond im Schützen und letzter Fischetag):

Positiv: Wenn wir jetzt unsere Vorhaben mental vorbereiten und richtig kanalisieren, dann können wir alles erreichen, was wir uns vorstellen.

■ in Venusstunden:

Positiv für: Zeugung und Befruchtung.

■ in Saturnstunden:

Positiv für: Gebete, heilige Rituale und Meditation, die uns zu erleuchtenden Erkenntnissen verhilft.

■ **in Sonnenstunden:**
Positiv für: Gebete, heilige Zeremonien und Segnungen.

■ **in Mondstunden:**
Positiv für: rituelle Arbeiten, das Aufstellen von Pyramiden, Anfertigung und Kauf ritueller Gebrauchsgegenstände, Rituale für materielle Bedürfnisse.

■ **in Merkurstunden:**
Negativ: Die Energie dieser Stunden führt zu überreiztem Denken und birgt die Gefahr von Streit.

Freitag ♀ Venustag

Positiv: beeinflusst alle Beziehungen, die weibliche Sexualität und den Verdienst.
Günstig für: Freundschaften, Liebes- und Geschäftsbeziehungen, Verhandlungs- und Vertragsbemühungen, künstlerische Tätigkeit und die Freizeit.

■ **in Venusstunden:**
Positiv für: die Kunst- und Modebranche, Schönheitsberufe, Produktion und Handel von Körperpflege- und Duftmitteln, für Tanzlehrer, Tänzer, den Fremdenverkehr, für Vergnügungs- und Ernährungsberufe sowie für die Produktion und den Handel von Lebensmitteln; um negative Schicksalsschläge zum Besseren zu wenden; für Freundschaft, Liebe, Heirat, Ehe, Tanz, Vergnügen, Frauenveranstaltungen und Reisen aufs Land; für die Pflege von Freundschaften und Liebesbeziehungen sowie um alles zu beginnen, was Zärtlichkeit und Liebe fördert; für die Schönheits- und Körperpflege und alles, was den Körper schöner macht und wohltuende Wirkung hat; für schwierige Operationen und mentale Heilungen und um metaphysische Disziplinen zu üben (Auralesen, Öffnen des 3. Auges, usw.); Frauen haben zu dieser Stunde außergewöhnliche Magnetkräfte, sei es zum Betören von Männern oder zum Heilen.
Negativ für: den Beginn einer Reise auf dem Wasserweg.

■ **in Saturnstunden:**
Negativ: Unsere Nerven- und Seelenkraft ist in dieser Zeit gefährdet.

■ in Mondstunden:
Positiv für: alles, das die Liebe festigen hilft.

■ in Marsstunden:
Negativ: In dieser Zeit sind wir erotisch sehr beeinflussbar.

■ in Jupiterstunden:
Positiv für: Zeugung und Befruchtung.

Samstag ♄ Saturntag

Beeinflusst alle Prozesse, die der Reproduktion und Umwandlung dienen.

■ in Saturnstunden:
Positiv für: Landarbeiter, Bauern, Maurer und alle Berufe, die sich mit Erde, Holz und Steinen befassen; Berg-, Hütten-, Hoch- und Tiefbauarbeiter, Architekten und Immobilienhändler.
Günstig für: den Erwerb von Immobilien und Grundbesitz, Abschluss und Kündigung von Miet- und Pachtverträgen, Grunderwerb für Land- und Forstwirtschaft sowie für den Bergbau; Landwirtschaft, Obst-, Garten- und Bergbau sowie den Ein- und Verkauf von Schwermetallen und Strahlungsprodukten; um Unglück und Misserfolg zu vertreiben (aus der menschlichen Seele, aus Gebäuden, Geschäften, Besitztümern, Stallungen, von Feldern und aus Wäldern).
Negativ für: die Unterzeichnung von Eheverträgen; Kontakte mit Vorgesetzten, Höherstehenden und einflussreichen Personen; den Beginn von Geldanlagen und Geldgeschäften; den Beginn von Freundschaften, den Umgang mit Schwätzern, bösen Menschen und dunklen Gestalten und den Aufenthalt in unsicheren Gegenden.

■ in Sonnenstunden:
Negativ: Diese Zeitqualität führt zu Spannungen und Verschlechterungen für das Immunsystem und die Gesundheit allgemein.

■ in Mondstunden:
Negativ: Spannungen des Gemüts. Gefahr durch seelische und mentale Beeinflussung.

- **in Marsstunden:**
Negativ: Wir sollten uns vor Schwarzmagie und allem Dunklen schützen.

- **in Merkurstunden:**
Positiv: besonders gut geeignet für Meditation und Inspiration.

- **in Jupiterstunden:**
Positiv für: erleuchtende Erkenntnisse, Gebete und heilige Rituale.

- **in Venusstunden:**
Negativ: In dieser Zeit sollten wir zurückhaltend sein, denn unsere Nerven- und Seelenkraft ist gefährdet.

Besondere Tageszeiten

Es gibt an jedem Tag zur gleichen Zeit einige Stunden, in denen zusätzlich zu den bereits angegebenen noch ganz spezielle Wirkungen vorherrschen. Diese können durch die Impulse der Planetenstunde noch verstärkt oder auch abgeschwächt werden. Gehen wir von der Normalzeit (MEZ) aus, so eignet sich die Zeit von 8 bis 9 Uhr besonders gut für Meditation. Es ist eine Stunde, die uns Inspiration gibt und unseren Intellekt anspricht. In der Stunde von 11 bis 12 Uhr kommen unsere Ideen in Fluss, sie eignet sich daher besonders dafür, an kniffligen Problemen zu arbeiten. In dieser Zeit sind wir aktiv, kontaktfreudig und tolerant. Von 13 bis 15 Uhr haben wir unser Konzentrationstief. Unsere Vorfahren nutzten diese Zeit für einen Mittagsschlaf und in südlichen Ländern ist es heute noch Tradition, Siesta zu halten. Ab 15 bis 17 Uhr steigert sich unsere Leistung erneut, besonders dann, wenn wir die Zeit davor zum Ruhen nutzen konnten. Um 19 Uhr beginnt wieder eine Zeit der Ruhe und Entspannung. In der Zeit ab 22 Uhr können wir innerlich loslassen. Dies betrifft Probleme und Situationen ebenso wie Menschen und Dinge. So finden wir einen erholsamen Schlaf, der uns wieder Kraft für den neuen Tag gibt.

Die Aus-
wirkungen der
Sonnen- und
Mondzyklen

Die Zyklen der Sonne

*Seit der Urfrühe der Menschheit erkennen wir in der
Sonne das kraftvolle Prinzip, das nach nächt-
lichem Kampf mit den Mächten der Finsternis jeden
Morgen mit unverminderter Kraft wieder aufersteht und
seine siegreiche Bahn über den Himmel zieht.
Im Zentrum Ihrer Strahlen (Energiekanäle), die den
Tierkreis bilden, versinnbildlicht sie den göttlichen
Willen, der sich selbst in den Mittelpunkt stellt.*

Aus: »Crowley-Tarot« von Akron und Hajo Banzhaf

Die Sonne ist das größte Geschenk, das der Kosmos der Erde macht. Seit
Jahrtausenden spendet sie uns ununterbrochen Licht und Wärme; lässt
alles wachsen und gedeihen. Sie beeinflusst unser Leben sichtbar, jeden
Tag, mit Beginn des Sonnenaufganges. Obwohl wir nicht direkt mit bloßen Augen zu ihr aufblicken können, erleben wir doch ständig ihre An-
wesenheit und Wirkung. Die alles überstrahlende Sonne ist das Symbol
der großen göttlichen Kraft, Quelle allen Lebens, das großzügige, sich
bedingungslos verausgabende Prinzip.

Es gibt mehrere Sonnenzyklen. Der erste Zyklus, den die Sonne in unserem galaktischen System durchläuft, umfasst eine Periode von 28 Jahren.
Im zweiten Zyklus, dem Sonnenjahr, durchwandert die Sonne zwölf Tierkreiszeichen. Von der Wintersonnenwende am 21. Dezember bis zur
Sommersonnenwende am 21. Juni sind das die Zeichen Schütze bis Zwil-
ling, von denen eine aufsteigende Kraft ausgeht. Die Sonne treibt die ersten Schneeglöckchen Anfang des Jahres heraus, lässt im Frühjahr alles
keimen und blühen und bis zum Sommer wachsen und reifen. Es ist die
Kraft des Werdens, Entstehens, des Beginns, des Wachstums und der Expansion, die auch unsere Vorhaben und Unternehmungen beeinflusst. In
der zweiten Hälfte dieses Kreislaufes, von der Sommersonnenwende bis
zur Wintersonnenwende, durchläuft die Sonne die Tierkreiszeichen Zwil-
ling bis Schütze. Diesen Zeichen ist eine absteigende Kraft zu eigen. In
der Natur reift in dieser Zeit alles heran, dann folgt die Ernte, der Herbst
fegt das Laub von den Ästen und die Natur zieht sich im Winter zurück

für eine Ruhepause. Für unsere Unternehmungen gibt es ebenfalls eine Zeit des Reifens, der Ernte. Aber auch Zeiten des Rückzugs, der Besinnung und der Ruhepausen, in denen wir Zeit bekommen, Kraft zu tanken und uns über unser weiteres Vorgehen klar werden zu können. Der dritte Zyklus ist der Tageslauf der Sonne, der durch die Umdrehung der Erde entsteht. Hier wohnt der ersten Tageshälfte bis zum Mittag eine aufsteigende Kraft inne. Vielleicht sagt man deshalb auch: »Morgenstund' hat Gold im Mund«. Dagegen ist der zweiten Tageshälfte eine absteigende Kraft zu eigen.

In einem weiteren Zyklus von 11,6 Jahren (elf Jahren und zwei Monaten) dreht sich die Sonne einmal um die eigene Achse. Nach jeder Umdrehung ereignen sich erhöhte Energieausbrüche, die Sonnenfleckenaktivitäten genannt werden und ebenfalls erhebliche Auswirkungen auf unser Leben zeigen. In diesen Phasen nehmen weltweit Krankheiten durch Mikroben und eine Immunschwäche der Organe zu. Des weiteren häufen sich politische Unruhen, die Scheidungsraten steigen an und kleinere Völkerwanderungen finden statt. Solche Sonnenfleckenbildungen gab es 1969, 1980 und 1992. Sie treten erneut 2003 und 2014 auf und können einige Tage bis über ein Jahr andauern.

Der Mond und seine Wirkung

Obwohl der Mond keine eigene Leuchtkraft besitzt, zeigt er sich uns am Firmament als zweithellster Himmelskörper. Der scheinbar strahlende Silbermond spiegelt in Wahrheit aber nur das von der Sonne geliehene Licht wider. Die Größe unseres Erdtrabanten macht etwa 1/81 der Erdmasse aus, beeinflusst aber aufgrund der Gravitation mit enormen Kräften alles Leben auf der Erde. Er zieht auf seiner leicht elliptischen Umlaufbahn – nach jüngsten Erkenntnissen – in genau 27 Tagen, 7 Stunden, 43 Minuten und 11,5 Sekunden um unseren Erdball. Seine mittlere Entfernung beträgt dabei zirka 384.000 Kilometer. Da sich der Mond bei jeder Erdumrundung einmal um seine eigene Achse dreht, bleibt uns immer eine Seite von ihm verborgen. Während seiner monatlichen Wanderung um die Erde durchläuft der Mond am Himmelszelt der Reihe nach alle zwölf Tierkreiszeichen. Dabei verändert er auch regelmäßig sein Gesicht. Je nach Position sehen wir ihn als Vollmond, danach abnehmend, als Finster- oder Neumond und schließlich wieder zunehmend. Jedes Sternbild im Tierkreis verleiht ihm während seines Aufenthaltes eine andere Qualität, deren Wirkung jedoch davon abhängig ist, in welcher Phase der Mond sich gerade befindet.

Der Mond, der in anderen Sprachen eine Sie ist, wurde von vielen Völkern und Kulturen als Göttin verehrt. Er (oder Sie) steht für: Zeitqualität, Weiblichkeit, Fruchtbarkeit, Reinkarnation, Persönlichkeit, Macht, das Gefühl, Friede, Geduld, Neuschöpfung, Licht und Schatten, Vollendung und Chaos, die Seele, zwingende geistige Wandlung, Meditation und Gebet.

Die Kraft des Mondes

Der Mond bewegt weit mehr als nur unsere Gefühle. Viele Einflüsse sind nicht so bekannt oder lassen sich nicht so leicht erkennen, wie das z. B. beim monatlichen Zyklus der Frau und dem Rhythmus der Gezeiten der Fall ist. Die gewaltige Energie, die durch seine unterschiedliche Anziehungskraft bei wechselnder Erdentfernung entsteht, ist nicht nur imstande, die Meere anzuheben, sondern sogar die Landmassen der Erde zu verformen. Wenn die Kraft des Mondes solche gigantische Auswirkungen auf die Natur hat, kann man sich leicht vorstellen, dass Menschen, Tiere und Pflanzen davon nicht unberührt bleiben. Seine Kraft beeinflusst – je nach Phase und Stand des Mondes – das Wachstum in der Natur, die Fruchtbarkeit bei Mensch und Tier und auch unser körperliches und psychisches Befinden.

Was hat der Mond mit Beruf und Karriere zu tun?

Beruf und Karriere – so denkt man zunächst – haben mit den Mondzyklen wenig zu tun. Doch durch die Beeinträchtigung unserer körperlichen und psychischen Verfassung verändert sich auch unsere Einstellung zu Beruf und Arbeit. Je nach Konstellation des Mondes verstärken seine Kräfte unsere Talente und Fähigkeiten oder schwächen sie ab und beeinflussen damit indirekt unsere berufliche Entwicklung. Während wir bei seiner größten Erdnähe besonders unkonzentriert sind und schnell durchhängen, sind wir bei seiner größten Erdferne zu Höchstleistungen fähig.

Der Einfluss des Mondes wirkt während der verschiedenen Phasen auch direkt auf unsere Vorhaben. So können beispielsweise bei Neumond wichtige Angelegenheiten geregelt oder berufliche Projekte erfolgreich abgeschlossen werden. Dies ist auch die richtige Zeit für das Betreten von Neuland und den Start neuer Vorhaben. Die Phase des zunehmenden Mondes eignet sich besonders gut, um schwierige Verhandlungen zu führen und Probleme zu lösen. Die Zeit um Vollmond ist für geschäftliche Aktivitäten dagegen ungünstig und riskante Transaktionen sind dann besonders gefährlich. Der abnehmende Mond begünstigt die Erledigung von Routineangelegenheiten. Sicher ist es in unserer hektischen Zeit nicht ganz einfach, sich darauf einzustellen. Die Aussicht, dass viele Dinge einfacher und erfolgreicher verlaufen, weil sie von den jeweiligen Energien forciert werden, ist diesen Versuch aber auf jeden Fall wert.

Noch bis Ende des 19. Jahrhunderts war das Wissen um die Zyklen der Natur allgemein bekannt. Die Menschen beobachteten die Natur und richteten sich nach deren Rhythmen und Gesetzen. Man wusste nicht nur um den Einfluss des Mondes auf die Gezeiten, sondern auch um dessen Wirkung auf das pflanzliche, tierische und menschliche Leben. Bauern, Gärtner, Waldarbeiter, Seefahrer und alle, deren Arbeit etwas mit der Natur zu tun hatte, benötigten diese Kenntnisse. Man wusste, wann man Bäume schlägt und welche Wirkung der jeweilige Zeitpunkt auf die Qualität des Holzes hat, wann man was einlagern oder einkochen soll. Man wusste, wann welche Kräuter gesammelt und aufbereitet werden müssen und wann welche Medizin wirkt. Auch die Heilkunde befolgte dieses Wissen genau. Aber nicht nur dort, sondern auch im übrigen beruflichen Leben sowie in finanziellen Belangen wurde die Wirkung des Mondes berücksichtigt.

Mit der aufkommenden Industrialisierung, moderner Technik und Medizin ließen sich die Menschen scheinbar bessere Lösungen für die Alltagsprobleme einreden und glaubten, auf das überlieferte Wissen verzichten zu können. So ging es zunehmend verloren. Mittlerweile erkennen immer mehr Menschen: das, was uns die Technik, Chemie, Medizin und Pharmaindustrie beschert, ist nicht immer das »Gelbe vom Ei«. Daher nimmt das Interesse an überlieferter Weisheit zu, die jahrhundertelang erfolgreich genutzt wurde.

Die Mondzyklen

Im Vergleich zur strahlenden Sonne wird dem Mond mit seinem matten, silbernen Licht verhältnismäßig wenig Aufmerksamkeit geschenkt. Trotzdem dürfen wir die Kraft des Mondes nicht unterschätzen. Sein Kraft beruht nicht auf seiner Helligkeit, sondern auf seiner Anziehungskraft, die wegen seiner größeren Erdnähe 2,8-mal stärker ist als die der Sonne. Sein Einfluss auf unsere Körperfunktionen und mentalen Kräfte wirkt daher fast dreimal so stark. Am deutlichsten werden die durch die Mondzyklen verursachten Veränderungen an den Gezeitenrhythmen mit Ebbe und Flut sichtbar. Die Anziehungskraft ist bei Vollmond so gewaltig, dass sie die Ozeane bis zu 70cm höher steigen lässt. Dabei können Flutwellen bis zu 15 Metern Höhe entstehen; das entspricht in etwa der Höhe eines fünfstöckigen Hauses. Wissenschaftler stellten bei Lasermessungen sogar eine tägliche Anhebung der Landmassen um bis zu 28 cm fest. In einem Mondmonat umkreist der Mond auf einer elliptischen Bahn in unterschiedlichem Abstand einmal die Erde. Den Zeitpunkt seiner größten Erdnähe (im Kalender mit EN bezeichnet) nennt man Perigäum. In dieser Phase bewirkt der Mond elektromagnetische Felder mit sehr niedriger Frequenz. Das lässt uns müde, schlapp und unkonzentriert werden. Daher sollte man in dieser Zeit alle Arbeiten, die hohe Konzentration verlangen, alle sportlichen Betätigungen, bei denen Spitzenleistungen erwartet werden sowie lange Autoreisen meiden. Diese Zeit eignet sich eher zum Ausruhen. Bei seinem größten Abstand zur Erde oder größten Erdferne (im Kalender mit EF eingetragen) ist das elektrische Potenzial enorm hoch. In dieser Phase, die Apogäum genannt wird, sind wir aktiver, konzentrierter und energiegeladener. Nun können wir alles in Angriff nehmen, was hohe Konzentration und Spitzenleistungen fordert.

Die verschiedenen Mondphasen

Der Mond zeigt uns bei seinem Umlauf um die Erde unterschiedliche Erscheinungsbilder. Wir sehen einmal im Mondmonat die von der Sonne bestrahlte Seite als Vollmond und einmal die der Sonne abgekehrte Seite als Neumond. Nach Neumond wird er wieder stetig mehr von der Sonne beleuchtet und als zunehmender Mond bezeichnet. Nach Vollmond nimmt er wieder ab, bis er schließlich wieder als Finstermond oder Neumond erscheint. Dazwischen gibt es zweimal innerhalb eines Zyklus den Halbmond. Die Mondphasen benutzten die Menschen von alters her als Grundlage für einen Kalender, mit dessen Hilfe sie die Zeit für ihre Vorhaben einteilen und sich danach richten konnten.

Die Wirkung des Mondes auf Mensch und Natur teilt sich in unterschiedlichen Grundimpulsen mit. Es sind einmal die vier Mondphasen, die mit bloßen Augen beobachtet werden können, der aufsteigende und absteigende Mondknoten (eine Erscheinung, die nicht sichtbar verfolgt werden kann) und der Stand des Mondes in den zwölf Sternzeichen.

Statistiken über Naturkatastrophen zeigen, dass sich Erdbeben an Neu- oder Vollmondtagen besonders katastrophal auswirken und Flutwellen und Überschwemmungen dann häufen. Man kann sich leicht vorstellen, dass die Kraft des Mondes, die imstande ist Ozeane aufzutürmen und die Erde zu verformen, auch unseren Körper enorm beeinflusst.

Der Monat – ein Mondenrhythmus

Jeden Monat – oder genauer nach jeweils 29,5 Tagen – wiederholen sich die Phasen des Mondes. Der Mensch hat sich zwar heute weitgehend von den kosmischen Zyklen unabhängig gemacht; trotzdem findet sich der Mondrhythmus vielfach im menschlichen Leben (wie z. B. im Menstruationszyklus) wieder. Bei genauer Beobachtung fallen auch noch andere Dinge auf, die mit den Mondzyklen zusammenhängen. Will man z. B. eine ungeliebte Angewohnheit überwinden, muss man einen Monat durchhalten, bis das gewünschte Resultat erreicht wird. Man kann auch feststellen, dass es vier Wochen dauert, bis eine Tätigkeit durch ständiges Wiederholen zur Gewohnheit wird. Viel unnötiges Plagen kann man sich ersparen, wenn man beim Lernen – ob eine Fremdsprache, ein Instrument oder eine andere Sache – die Dauer eines Mondumlaufs berücksichtigt. Ähnlich verhält es sich auch bei einem Umzug; denn es dauert ebenfalls einen Monat, bis man sich in der neuen Umgebung eingewöhnt hat. Auch die grundlegende Regeneration des Körpers bei Überarbeitung und Erschöpfung bedarf der Dauer eines Monats. Bei Kuren kann man oft feststellen, dass in den ersten drei Wochen kaum eine Veränderung spürbar ist, danach aber sich der Zustand merklich bessert und zum Abschluss des Monats sich die Erholung festigt. Diese Zeit benötigt auch die Leber – die am langsamsten ihren Tagesrhythmus umstellt –, bis sie sich nach einem Transkontinentalflug an den veränderten Tageslauf angepasst hat.

Ein anderes Phänomen im Zusammenhang mit dem Mondmonat kann für unsere Vorhaben von entscheidender Bedeutung sein. Äußert man nämlich in seinem sozialen Umfeld gute Ideen oder Verbesserungsvorschläge schon kurze Zeit, nachdem sie einem in den Sinn kamen, werden diese oft nicht ernst genommen oder überhaupt nicht registriert. Unsere Mitmenschen spüren, ob eine Idee ausgereift oder nur ein kurzlebiger Geistesblitz ist. Macht man sich diese Idee jedoch richtig zu eigen und lässt sie einen Monat reifen, bevor man sie den geeigneten Leuten präsentiert, bekommt sie Kraft und Gewicht und man wird erstaunt sein, welch starkes Interesse ihr plötzlich entgegengebracht wird.

Der synodische Mondumlauf

Den Umlauf des Mondes um die Erde unter Berücksichtigung des Umlaufs der Erde um die Sonne nennt man den synodischen Mondumlauf. Es ist die Zeit zwischen zwei Neumondphasen. Die Wirkungen der synodischen Mondkraft werden an Ebbe und Flut besonders deutlich sichtbar. Die Anziehungskraft des Mondes bewegt nicht nur das Wasser der Ozeane, sondern beeinflusst auch die Flüssigkeiten des menschlichen Körpers und die allen Lebens auf der Erde. Unser Körper besteht zu mehr als 70% aus Flüssigkeiten, auf die der Mond wegen seiner größeren Nähe zur Erde 2,8mal stärker einwirkt als die Sonne. Davon betroffen sind alle Flüssiganteile des Körpers, wie z. B. das Blut, die Lymph-, Gehirn- und Gewebeflüssigkeit.

Dieser Mondumlauf wird in 28 Häuser aufgeteilt, dauert exakt 29 Tage, 12 Stunden, 44 Minuten und 2,8 Sekunden und ist über Jahrtausende sekundengenau gleich geblieben. Jedem dieser 28 Häuser ist eine besondere Qualität eigen, die sich sowohl auf unser Befinden als auch auf unsere Vorhaben auswirkt. Man unterteilt die Mondhäuser in weibliche und männliche. Zu den männlichen zählen das 1., 3., 5., 10., 11., 12., 13., 15., 18., 20., 21., 22., 23. und das 28. Haus, während das 2., 4., 6., 7., 8., 9., 14., 16., 17., 19., 24., 25., 26. und das 27. den weiblichen Häusern zugeordnet werden.

Der Zyklus beginnt immer im Neumond, mit dem Kippmoment, wenn der Mond vom 28. Haus in das 1. Haus wechselt. Der Wechsel vom 14. in das 15. Haus geschieht im Vollmond, in dem seine Kraft am stärksten wirkt. Der zeitliche Ablauf eines Hauses ist jedoch nicht mit dem Ablauf eines Tages identisch. Dadurch ergeben sich stets zeitliche Verschiebungen. Es würde zu weit führen, hier auf alle Aspekte des synodischen Mondumlaufes einzugehen. Wenn Sie mehr darüber erfahren möchten, finden Sie dazu Buchempfehlungen im Quellenhinweis am Ende des Buches.

Die Mondknoten

Die Mondknoten sind zwei weitere Punkte auf der Umlaufbahn des Mondes, die von Bedeutung sind. Man könnte diese in etwa so beschreiben: stellen Sie sich den Äquator – jene gedachte Linie, die die Erdkugel in zwei Hälften teilt – als eine in den Weltraum verlängerte Ebene vor, dann geht der Mond auf seiner Umlaufbahn einmal im Aufsteigen über diese gedachte Ebene. Dies bezeichnet man als aufsteigenden Mondknoten. Wenn der Mond dann – bei seinem weiteren Umlauf – auf der gegenüberliegenden Seite beim Absteigen unter diese gedachte Ebene geht, nennt man diesen Punkt absteigender Mondknoten. Der aufsteigende Mondknoten hat Jupitereigenschaften, die Glück und Wachstum begünstigen. Dagegen hat der absteigende Mondknoten die ungünstigeren Saturneigenschaften, die hemmend wirken und Widerstände für unsere Vorhaben bringen.

Siderischer Mondumlauf

Zusätzlich zu den »sichtbaren« Mondphasen machen sich die beiden Eigenschaften aufsteigend und absteigend im Laufe eines Monats bemerkbar. Die Bezeichnungen aufsteigender Mond (auch übergehender Mond oder Mond geht über sich) und absteigender Mond (untergehender Mond oder Mond geht unter sich) haben nichts mit den Mondphasen zu tun, die man mit bloßen Augen verfolgen kann. Diese Begriffe beziehen sich auf den Stand des Mondes in den Tierkreiszeichen. So wie die Sonne im Laufe eines Jahres die 12 Tierkreiszeichen durchwandert, vollzieht dies der Mond innerhalb eines Monats. Der Bahnverlauf unseres Erdtrabanten durch den gesamten Tierkreis wird siderischer Mondumlauf genannt. Er beginnt mit dem Widder und endet mit dem Sternbild

Fische. Der Mond hält sich im Verlauf des siderischen Mondmonats in den Sternzeichen Widder, Krebs, Waage und Steinbock jeweils 3 Tage auf, in den übrigen aber nur etwa 2 ½ Tage. In dieser Zeit übernimmt er die jeweiligen charakteristischen Eigenschaften eines jeden Zeichens und beeinflusst dann damit das gesamte Erdgeschehen – die Tier- und Pflanzenwelt und auch die Menschen.

Der siderische Mondumlauf ist in 28 Stationen unterteilt, dauert jedoch insgesamt nur 27 Tage, 7 Stunden 11,5 Sekunden. Daraus resultierend umfasst eine Station nicht ganz 24 Stunden – wie das bei einem Tag der Fall ist. Deshalb entstehen den Tagen gegenüber kleine zeitliche Unterschiede. Trotzdem können Sie sich auf die Mondkalender verlassen, denn selbst wenn der Mond noch tatsächlich im Sternbild Widder steht, lassen sich oft schon die Impulse des Zeichens Stier erkennen.

Der Einfluss der Sternzeichen auf die Tagesqualität

Den Tierkreiszeichen wohnt eine unterschiedliche Energie inne. Steinbock, Wassermann, Fische, Widder und Stier stehen in der Periode zwischen Wintersonnenwende (21. Dezember) und Sommersonnenwende (21. Juni) für die aufsteigende Kraft. In den aufsteigenden Phasen wird besonders die oberirdische Entwicklung begünstigt – die Säfte steigen auf, Obst und Gemüse sind besonders saftig. Im privaten, beruflichen und gesellschaftlichen Leben bewirkt die aufsteigende Kraft, dass unsere Vorhaben in Fluss kommen, beschleunigt und »nach oben getragen« werden. Bei Pflanzen muss in dieser Zeit viel Flüssigkeit zugeführt werden, weil jetzt alles schneller austrocknet. Auf unsere Vorhaben übertragen heißt das, wir müssen jetzt unsere ganze Energie auf unsere Unternehmungen konzentrieren, damit sie in Fluss bleiben.

Krebs, Löwe, Jungfrau, Waage und Skorpion in der zweiten Jahreshälfte ist dagegen eine absteigende Kraft zu eigen. Die absteigende Energie zieht alles nach unten, das fördert bei den Pflanzen die Wurzelbildung. Unsere Vorhaben werden jetzt langsamer oder stagnieren. Wir können in dieser Zeit ebenfalls die »Wurzeln« unserer Vorhaben stärken, indem wir die Fundamente unserer Arbeit überprüfen und festigen.

Das Zeichen Schütze ist der Wendepunkt, an dem die absteigende Energie in eine aufsteigende umkippt. Der Wendepunkt der gegenüberliegenden Seite ist im Sternzeichen Zwillinge. Weil die Zeichen Zwillinge und Schütze Wendepunkte sind, können sie nicht eindeutig festgelegt werden.

In den Mondkalendern wird vorwiegend der siderische Mondumlauf verwendet, deshalb gehe ich auf diesen ausführlicher ein. Wann und wie der Mond unser Alltagsgeschehen beeinflusst finden Sie in den folgenden Beschreibungen, die eine Zusammenfassung von Informationen aus mehreren Quellen sind (siehe Quellenhinweis). Sie geben Aufschluss über die Impulse beim Mondaufenthalt in den Tierkreiszeichen ganz allgemein, aber auch detailliert zu den verschiedenen Mondphasen und den 28 Stationen im siderischen Mondmonat.

Mond im Widder ♈

Feuerzeichen, Kraft: aufsteigend. Der Widder wird vom Mars regiert und gehört zu den kardinalen Zeichen.

Positiv: Enthusiasmus, Begeisterungsfähigkeit, spontanes Handeln, Aktivität und Aufwärtsentwicklung kennzeichnen diese Zeit.

Negativ: erhöhte Aggressivität, Egoismus, Starrsinn, mangelndes Einfühlungsvermögen und Rücksichtslosigkeit.

■ Allgemein

Positiv: Widdertage stehen für Tatendrang, Mut und die Lust, Neues zu versuchen. Der Wille und die Kraft, sich durchzusetzen, sind besonders stark. Diese Tage eignen sich hervorragend, um Projekte und Ziele erfolgreich in die Tat umzusetzen. Sie begünstigen den Handel von allem, was aus Eisen und Stahl ist, sowie Schiffsreisen oder Reisen ins Gebirge.

Negativ: es besteht die Tendenz zur Auseinandersetzung mit Konkurrenten wie mit Freunden. Von einem Umzug und der ersten Übernachtung im neuen Heim ist an diesen Tagen abzuraten.

■ Beruf und Finanzen

Positiv: Widdertage sind günstig für geschäftliche Erstkontakte, Angebote und Verkaufsgespräche sowie geschäftliche Verhandlungen. Sie sind bestens geeignet für den erfolgreichen Start von Werbemaßnahmen und die Einstellung von Personal. Diese Tage eignen sich gut, um Schulden einzufordern, auch bei Versteigerungen kann man erfolgreich sein. *Negativ:* Diese Tage eignen sich nicht zum Lösen finanzieller Probleme, um Kapital anzulegen und um Schulden zu begleichen.

■ Partnerschaft und Familie
Positiv: An diesen Tagen besteht große Lust zum Flirten, Flirts und Eroberungen gelingen besonders gut, die sexuelle Energie ist erhöht und die Nächte sind leidenschaftlich.
Negativ: Es entsteht leicht eine gereizte Atmosphäre, deshalb sollte man zurückhaltend sein, um keinen Streit zu provozieren.

■ Widdertage in Marsstunden bei aufsteigendem Mond
Günstig für: Bank-, Wechsel- und Geldgeschäfte allgemein.

■ Widder im Neumond
Positiv: um zu planen, Vorsätze zu fassen, Neues zu beginnen oder bei Versteigerungen Erfolg zu haben.

■ Widder im zunehmenden Mond
Positiv: zunehmendes Selbstbewusstsein. Günstige Tage, um bei Versteigerungen erfolgreich zu sein.

■ Widder im Vollmond
Negativ: Unruhe, starke seelische Einflüsse. Es entsteht leicht Streit. Keine Reisen antreten.

■ Widder im abnehmenden Mond
Positiv: erhöhte Aktivität und Kraftentfaltung. Günstige Tage, um bei Versteigerungen Erfolg zu haben.

■ 1. Tag im siderischen Mondumlauf: Die dynamische Kraft
(0° Widder bis 12° 51´ 26´´ Widder)
Positiv: Dieser Tag gibt besonders dynamische Kraft für alle Unternehmungen und Erstkontakte in Geschäfts- und Bankangelegenheiten. Günstig für alle Arten von Handel. Er eignet sich auch gut, um Hass aufzulösen und die Liebe zu festigen. Nutzen Sie jetzt alle Möglichkeiten dazu. An

diesem Tag ist es günstig, Talismane, Reisepentakel und Amulette zum Schutz vor Feinden anzufertigen.

Negativ: Vorsicht! Zu viel Phantasie, Rachegedanken und Hass können großen Schaden zur Folge haben; ebenso unüberlegtes Handeln, voreilige Zustimmung und zu schnelles Fahren.

■ 2. Tag im siderischen Mondumlauf: Das Netz/Die Falle

(12° 51´ 27´´ Widder bis 25° 42´52´´ Widder)

Positiv: Dieser Tag ist sehr günstig für den Handel allgemein, bringt Glück bei Wareneinkauf, Geldangelegenheiten und ist gut für alle Maßnahmen, die dem Geldzuwachs und der Aufbesserung des Bankkontos dienen. Ebenfalls günstig für Glücksspiele (Lotto, Toto u.ä.), am besten, wenn dieser Tag auf einen Mittwoch fällt (in Merkurstunden). Auch sehr gut geeignet, um Verlorenes wiederzufinden, und um Gewinn bringende Zeichen und Talismane sowie Pendel und Ruten zum Aufspüren von Quellen und Schätzen anzufertigen.

Negativ: sehr ungünstig für politische Aktionen, für Liebschaften und unvorsichtige Handlungen sowie den Beginn einer Seereise, Kreuzfahrt oder Vergnügungsreise. An diesem Tag geht alles Negative leicht in die Falle. Schlecht für Lügner, Diebe und Schmuggler.

■ 3. Tag im siderischen Mondumlauf: Das Gefühl

(25° 42´53´´ Widder bis 8° 34´18´´ Stier)

Positiv: An diesem Tag werden Gefühlskraft und Ausdauer gefördert. Er eignet sich bestens für wissenschaftliche, intellektuelle Arbeit und alles, was logisches Denken erfordert. Dieser Tag ist auch günstig für alchemistische Arbeiten. Er eignet sich besonders dafür, um alles zu tun, was die Liebe fördert. Ebenso für die ersten intimen Körperkontakte in einer Venusstunde.

Negativ: nicht geeignet für eine Heirat; ebenso für den Antritt einer Schiffsreise oder längere Fahrt auf dem Wasserweg.

Mond im Stier 🐂

Erdzeichen, Kraft: aufsteigend. Der Stier wird von Venus regiert und gehört zu den fixen Zeichen, die für Beharrlichkeit, Ausdauer, Fleiß und hohe Leistungsfähigkeit stehen. Es ist die Bindezeit.

Positiv: Die bestimmenden Merkmale dieser Zeit sind Sicherheit und Selbstständigkeit. Neues wird kritisch betrachtet. An diesen Tagen sind die magnetischen Kräfte besonders intensiv. Sie eignen sich daher vortrefflich für Farblicht- und Magnetbehandlungen.

Negativ: besitzergreifend, will Macht und Kontrolle auf seine Umwelt ausüben.

▦ Allgemein

Positiv: gut für den Beginn von allem, was dazu beiträgt, das Erreichte zu bewahren, was lange dauert oder von langer Dauer sein soll, z. B. den Baubeginn, den Aufbau eines Geschäftes usw. Ebenfalls gut geeignet für die Einstellung von Personal. Es ist auch eine günstige Zeit zur Entspannung, um sich seinen Hobbys zu widmen, für einen Ausflug in die Natur, für kurze Reisen, Reisen ins Gebirge (Aufbruch zur Mondstunde), eine lange Reise zu Lande sowie Flugreisen, die in Venus-, Merkur- und Mondstunden beginnen.

Negativ: Dieser Tag eignet sich nicht für den Ein- oder Verkauf von Immobilien, für Wetten, Glücksspiele und Risiken. Man sollte keine Auseinandersetzungen und Prozesse beginnen, denn sie führen zu Verlusten. Es ist eine ungünstige Zeit für Schiffsreisen und Reisen ans Meer.

▦ Beruf und Finanzen

Positiv: Stiertage sind günstig für den Beginn eines Studiums, einer Lehre, für eine Umschulung oder Weiterbildung. Auch die Planung der Finanzen und neuer Projekte sind an diesen Tagen erfolgreich. Sie eignen sich ebenso für Waren- und Bankgeschäfte, für Geldanlagen sowie die Begleichung von Schulden. Gute Aussichten bestehen auch bei Verkäufen und Versteigerungen.

Negativ: Nicht zu empfehlen ist das Einfordern von Außenständen und Schulden.

▦ Partnerschaft und Familie

Positiv: An diesen Tagen herrschen Ruhe und Harmonie. Eine gute Zeit, um gemeinsam die Zukunft zu planen sowie für alle Angelegenheiten, die sich um Heim und Familie drehen. Sie eignen sich gut für Bindungen in Freundschaft und Liebe, die von langer Dauer sein sollen, sowie zur Pflege und Festigung solcher Beziehungen. Eine starke Sinnlichkeit be-

stimmt jetzt die Liebesbeziehung; günstig für die ersten intimen Körperkontakte, besonders in Venusstunden.

■ Stiertage in Venusstunden bei aufsteigendem Mond
Positiv: sehr gut geeignet, um Freundschaften zu festigen, aber auch für
Bank-, Wechsel- und Geldgeschäfte.

■ Stiertage, bei aufsteigendem und zunehmendem Mond
Positiv: Es sind die besten Tage für Verlobung und Hochzeit.

■ Stier im Neumond
Positiv: ein guter Termin, um zu planen, Vorsätze zu fassen und Neues zu
beginnen, um in eine neue Wohnung oder Geschäftsräume einzuziehen.
Auch gut geeignet für einen Fastentag.

■ Stier im zunehmenden Mond
Positiv: zunehmendes Selbstbewusstsein. Günstig für einen Umzug und
die erste Übernachtung im neuen Heim. Im Beruf sollte man sich jetzt
auch mit der Erledigung nebensächlicher Dinge befassen. Diese Tage
eignen sich besonders dazu, seinen Hobbys zu frönen.

■ Stier im Vollmond
Positiv: Unruhe, starke seelische Einflüsse. Keine Reisen antreten.

■ Stier im abnehmenden Mond
Positiv: erhöhte Aktivität und Kraftentfaltung. Es ist der richtige Zeitpunkt
für größere Anschaffungen (kurz vor Neumond) und um körperlich und
geistig Unerwünschtes loszuwerden, z. B. Warzen, schlechte Angewohn-
heiten, negative Gedanken und Einstellungen. Gut für chemische Reinigung, Maler- und Lackierarbeiten.

■ 4. Tag im siderischen Mondumlauf: Überwinden
(8° 34´ 19´´ Stier bis 21° 25´ 44´´ Stier)
Positiv: für den Warenverkauf, den Einzelhandel, Bankgeschäfte und
Industrieprojekte. Sehr günstig für den Antritt einer neuen Arbeitsstelle.
Bestens geeignet für magische Arbeiten.

Negativ: für den Kauf oder Verkauf von Immobilien und Grundbesitz. Heute ist bei Arbeiten in Bergwerken besondere Vorsicht geboten.

■ 5. Tag im siderischen Mondumlauf: Das Wohlwollen

(21° 25´45´´ Stier bis 4° 17´10´´ Zwillinge)

Positiv: ein sehr guter Tag für künstlerisch Begabte und Poeten, den Beginn eines Studiums, ebenso um seine Talente und Fähigkeiten zu fördern. Ausgezeichnet für Gesundheit und Privatleben sowie den Beginn einer Reise. Jetzt ist die beste Zeit, sich zurückzuziehen, zu relaxen, die Seele baumeln zu lassen und sich meditativ zu entspannen, was insgesamt unserer Gesundheit sehr zugute kommt. Dies ist ein guter Termin, um Talismane anzufertigen, die erfolgreiches Gelingen unterstützen sowie dem glücklichen Verlauf von Ausbildung und Reisen dienen.

Negativ: für soziale und humanitäre Arbeiten und Anträge; Ansprüche werden abschlägig beschieden.

Mond in den Zwillingen ♊

Luftzeichen, Kraft: absteigend, Wendepunkt zwischen auf- und absteigender Kraft. Die Zwillinge gehören zu den veränderlichen Zeichen und werden von Merkur beherrscht. Sie stehen für das Streben nach Frieden und Anpassung.

Positiv: die Neugier und das Verlangen, neue Menschen, Erfahrungen und Eindrücke zu gewinnen prägen diese Tage.

Negativ: mangelnde Entschlusskraft; es besteht die Gefahr sich zu verzetteln.

■ Allgemein

Positiv: dies ist die »Loslasszeit«. Diese Zeitqualität ist günstig zum Auflösen von Verträgen, für Entlassungen, Kündigungen und Scheidungen. Sie eignet sich vortrefflich, um wichtige Briefe zu schreiben, Verträge aufzusetzen, Konferenzen und Präsentationen zu beginnen, um Reden zu halten, auch für die Zukunftsschau oder um mit Werbung und Reklame zu starten. Es ist die passende Zeit für eine fröhliche Party im Freundeskreis, einen Theaterbesuch und Kunstgenuss. Diese Tage sind auch gut für eine kurze Reise geeignet (Aufbruch in einer Mondstunde), für Flugreisen

(Beginn in Venus-, Merkur- und Mondstunden). Auch für die erste Übernachtung im neuen Heim eignen sich diese Tage gut. *Negativ:* Lassen Sie sich nicht von Schwarzsehern und Miesmachern beeinflussen. An diesen Tagen sollten Sie sich vor Täuschern, Betrügern und Dieben vorsehen. Man sollte keine Verträge schließen oder sich anderweitig binden und festlegen. Von Schiffsreisen ist abzuraten.

■ Beruf und Finanzen

Positiv: An diesen Tagen ist die Handelsschifffahrt begünstigt. Ein guter Zeitpunkt für den Beginn eines Studiums, einer Lehre, für eine Umschulung oder Weiterbildung. Es ist eine günstige Zeit für Handel und Verkauf, geschäftliche Angebote, Verkaufsgespräche, den Ausbau von Geschäftsbeziehungen sowie für geschäftliche Besprechungen, Verhandlungen und Konferenzen. Bestens geeignet für den erfolgreichen Start von Werbemaßnahmen. Gute Aussichten bestehen auch bei Verkäufen und Versteigerungen. Diese Tage sind auch günstig für die Begleichung von Schulden, um Gesuche und geschäftliche Briefe zu schreiben, sowie für literarische Tätigkeit (besonders in Sonnenstunden).
Negativ: Für Finanzen sind diese Tage allgemein ungünstig.

■ Partnerschaft und Familie

Positiv: Vertrauen und Verständigung prägen diese Zeit. Sie ist gut geeignet für die Vertiefung bestehender Beziehungen und das Knüpfen neuer Kontakte sowie für gemeinsame Unternehmungen im Familien- und Freundeskreis.

■ Zwillingtage in Merkurstunden bei absteigendem Mond

Positiv: die richtige Zeit für Bank-, Wechsel- und Geldgeschäfte.

■ Zwillinge im Neumond

Positiv: besonders gut zum Planen und Vorsätze fassen und um Neues zu beginnen; auch für einen Fastentag zur Entschlackung und Reinigung des Körpers.

■ Zwillinge im zunehmenden Mond

Positiv: zunehmendes Selbstbewusstsein. Besonders günstige Tage, um neue Vorhaben zu starten.

■ Zwillinge im Vollmond

Negativ: Unruhe, starke seelische Einflüsse. Keine Reisen antreten.

■ Zwillinge im abnehmenden Mond

Positiv: erhöhte Aktivität und Kraftentfaltung. Besonders günstig für den Ausbau von Geschäftsbeziehungen und alle Werbemaßnahmen. Auch für geistige Arbeiten, zum Lernen und Studieren sowie das Schreiben von Artikeln, Büchern usw.

■ 6. Tag im siderischen Mondumlauf: Die Vorsehung

(4° 17´11´´ Zwillinge bis 17° 8´36´´ Zwillinge)

Positiv: ein ausgezeichneter Termin für die Gründung von Unternehmen sowie für Handel und Verkauf. Dieser Tag eignet sich besonders dazu, Fanatiker oder Süchtige zu bekehren, und für den Beginn von Schutzbestrebungen, auch um Amulette für Soldaten anzufertigen; im Falle eines Krieges auch für Zivilisten.

Negativ: für finanzielle Aktionen und die Finanzen allgemein sowie für landwirtschaftliche Arbeiten. Krankheiten, die an diesem Tag beginnen, heilen langsam.

■ 7. Tag im siderischen Mondumlauf: Das Gedeihen

(17° 8´37´´ Zwillinge bis 30° Zwillinge)

Positiv: eine gute Zeit für Handel und Schifffahrt. Ein vortrefflicher Zeitpunkt, sich mit Verbesserungen, Erfindungen oder anderen Möglichkeiten zu befassen, um Wohlstand zu erreichen, auch für geistige und intuitive Forschung. Es bestehen beste Aussichten, bei Höhergestellten Gunst und Einfluss zu erreichen. Ein guter Tag für Freundschaft, Liebe, für das Familienleben und Parties.

Sehr günstig für Heiltätigkeit und Heilungen, ebenso um Talismane anzufertigen, die dazu dienen sollen, bei Personen mit Einfluss Ansehen zu gewinnen, die den Handel und die Schifffahrt begünstigen und die Schutz und Hilfe verleihen für Tätigkeiten, die mit Musik, Seilakrobatik, Skilaufen, Wellenreiten und Ähnlichem zu tun haben.

Negativ: für eine Heirat sowie alle Gesetzes- und Rechtsangelegenheiten.

Mond im Krebs ♋

Wasserzeichen, Kraft: absteigend. Der Krebs gehört zu den kardinalen Zeichen und wird vom Mond regiert. Es ist Jagdzeit. Kardinalzeichen sind voll kosmischer Energie.
Positiv: Das Gefühl ist stärker als der Verstand.
Negativ: gezieltes Anstreben von Macht, um Siegen und Beherrschen zu können.

■ Allgemein

Die Sehnsucht nach innerer und äußerer Ruhe, Geborgenheit, häuslicher Gemütlichkeit und familiärer Harmonie prägt diesen Tag.
Positiv: sehr günstig für überseeische Verbindungen, ob Reisen, Telefon, Telegramme, Briefe usw. Krebstage eignen sich bestens, um sich mit Wasser, Wasserbauten, Wasserprodukten zu beschäftigen und für den Beginn von Anlagen und Leitungen, die mit Wasser- oder Abwasser zu tun haben. Die beste Zeit, um Außenstände und Schulden einzufordern, ebenso für den Beginn eines Prozesses (besonders in Jupiterstunden). Die Energie dieser Tage begünstigt die Verbindung zu unserem Seelenleben. Eine gefühlvolle Zeit für Liebende, für Zärtlichkeiten und ein Essen zu zweit. Vortrefflich für eine Flugreise (in Venus-, Merkur- und Mondstunden) und eine Reise ans Meer (nicht in Venusstunden). Sehr gut geeignet für Silberarbeiten, speziell esoterischer Art sowie für magische Tätigkeiten, die einen raschen Fortschritt verlangen (in Jupiterstunden).
Negativ: An diesen Tagen ist es ungünstig, Behörden aufzusuchen oder Schulden zu begleichen. Vorsicht ist geboten vor Überredungskünstlern und allen, die versuchen, uns etwas anzudrehen. Wir müssen auf der Hut sein und besonders bei Verträgen auf das Kleingedruckte achten. Langfristige Bindungen oder Verträge sollten besser unterbleiben. Es ist in dieser Zeit ebenso ungünstig, Schiffsreisen wie lange Reisen auf dem Landweg zu beginnen. Auch die erste Übernachtung im neuen Heim ist nicht zu empfehlen.

■ Beruf und Finanzen

Positiv: besondere Ausprägung von Phantasie, Kreativität und Vorstellungsvermögen. Bestens geeignet, um Projekte und Absichten anzugehen, um ein Studium, eine Lehre oder Weiterbildung zu beginnen. Ein ausgezeichneter Termin, um für finanzielle Klarheit zu sorgen, um Personal einzustellen oder um einen hartnäckigen »Nein-Sager« bei einem Geschäftsessen zum »Ja« zu verführen. Gute Bedingungen für Verkäufe und Versteigerungen.

■ Partnerschaft und Familie
Positiv: die Gedanken und Aktivitäten drehen sich jetzt verstärkt um das Privatleben. Ein guter Tag, um eine angenehme Atmosphäre zu schaffen und den Partner zu verwöhnen, z. B. bei einem romantischen Essen zu zweit, aber auch, um gemeinsam einen Besuch bei Freunden zu machen oder um Familienangelegenheiten zu regeln.

■ Krebstage in Mondstunden bei absteigendem Mond
Positiv: besonders günstig für alle Bank-, Wechsel- und Geldgeschäfte.

■ Krebs im Neumond
Positiv: ein geeigneter Termin, um Pläne zu schmieden, Vorsätze zu fassen und Neues zu beginnen, günstig auch, um bei Versteigerungen Erfolg zu haben.
Negativ: Neigung zu Launenhaftigkeit, Melancholie und Trägheit.

■ Krebs im zunehmenden Mond
Positiv: zunehmendes Selbstbewusstsein. Ein günstiger Zeitpunkt, um bei Versteigerungen Erfolg zu haben, aber auch zum Ausruhen und Entspannen.

■ Krebs im Vollmond
Negativ: Unruhe, starke seelische Einflüsse. Neigung zu Launenhaftigkeit, Melancholie und Trägheit. Keine Reisen antreten.

■ Krebs im abnehmenden Mond
Positiv: erhöhte Aktivität und Kraftentfaltung. Gut geeignet für Arbeiten, die viel Feingefühl erfordern.

■ 8. Tag im siderischen Mondumlauf: Die Barmherzigkeit
(0° Krebs bis 12′51′26′′ Krebs)
Positiv: Dies ist ein günstiger Tag für ein erfolgreiches Geschäftsessen, aber auch um Probleme wirksam zu lösen. Heute begonnene Reisen

führen zu liebevollen Bekanntschaften. Dieser Tag eignet sich besonders dazu, um uns der Familie, eigenen und anvertrauten Kindern in Liebe zuzuwenden und alles zu beginnen, um sie zu fördern und zu schützen. Dies gilt auch für schutzbedürftige Personen und Tiere. Schutztalismane, die an diesem Tag für Kinder und die Familie, für Freundschaften sowie für Landreisen angefertigt werden, bringen Glück.
Negativ: Heute sollten wir uns zu nichts überreden lassen, es besteht die Gefahr von Betrug. Etwas gegen das Schicksal Inhaftierter zu unternehmen, ist heute erfolglos.

■ 9. Tag im siderischen Mondumlauf: Der Unfrieden

(12° 51´27´´ Krebs bis 25° 42´52´´ Krebs)
Negativ: kein besonders verheißungsvoller Tag. Die Gefahr für Unfrieden und negative Beeinflussungen ist heute groß. Sehr ungünstig für die Liebe. Auch vom Antritt einer Reise ist abzuraten; da nur Schwierigkeiten zu befürchten sind.

■ 10. Tag im siderischen Mondumlauf: Die Konsequenz

(25° 42´53´´ Krebs bis 8° 34´18´´ Löwe)
Positiv: Erfolg im Beruf. Wir können heute Wohlwollen und Hilfe von unterschiedlicher Seite erfahren. Die gefühlsbetonte Stimmung ist sehr günstig für alle Liebesangelegenheiten. Ein vorzüglicher Tag für geistige und mentale Übungen, wie z. B. Mentaltraining und Visualisierung. Meditationen führen zu einer positiven Wandlung. Talismane, die an diesem Tag angefertigt werden, z. B. für Erfolg im Beruf und bei Studien, für die Liebe, für Wohlwollen und Hilfe, sind außerordentlich wirksam.
Negativ: Die Einnahme von starken Medikamenten, speziell von Drogen, sollte an diesem Tag wegen besonderer Suchtgefahr gemieden werden.

Mond im Löwen 🦁

Feuerzeichen, Kraft: absteigend. Der Löwe wird von der Sonne regiert und gehört zu den fixen Mondzeichen, die für Ausdauer, Beharrlichkeit, Fleiß und hohe Leistungsfähigkeit stehen. Es ist die Bindezeit.
Positiv: Die Energie dieser Mondposition stärkt das Selbstbewusstsein, die Kreativität und das Bedürfnis nach Selbstdarstellung. An diesen

Tagen sind die magnetischen Kräfte besonders intensiv. Sie eignen sich daher vortrefflich für Farblicht- und Magnetbehandlungen. *Negativ:* Es besteht eine Tendenz zu Überheblichkeit, Rechthaberei und Arroganz.

■ Allgemein

Selbstvertrauen und Durchsetzungskraft dominieren an diesen Tagen. *Positiv:* günstig für Kreativität sowie zum Lernen und Studieren. Eine günstige Zeit, um Behörden aufzusuchen und Personen, die mit der Rechtspflege betraut sind. Ebenfalls sehr Erfolg versprechend, um bei Beamten, Vorgesetzten und sozial Höherstehenden vorstellig zu werden (am besten in Sonnenstunden). An diesen Tagen ist der Kauf und Handel von und mit allen Edel- und Buntmetallen sowie mit Waren, die rot oder gelb sind, begünstigt. Eine gute Gelegenheit, um rote oder gelbe Rosen zu kaufen, sowie Wäsche, Edelsteine, Goldschmuck oder ein Auto in einer dieser Farben. Bei Verkäufen und Versteigerungen sind gute Ergebnisse möglich. Ein günstiger Zeitpunkt, um Schulden zu einzufordern, für einen Umzug und die erste Übernachtung im neuen Heim, sowie für den Beginn einer Reise ans Meer (nicht in Venusstunden). Diese Tage eignen sich gut für Besuche bei Freunden und Verwandten, um eine Party oder musikalische Aufführung zu genießen.

Negativ: Es besteht eine Neigung zu Rechthaberei und Arroganz. Eine verstärkt auftretende innere Unruhe verursacht Schlafstörungen. Körperliche Überanstrengung kann an diesen Tagen zu Herz- und Kreislaufproblemen führen. Von langen Reisen zu Lande, Schiffsreisen und Flugreisen (besonders in Mars-, Jupiter- oder Sonnenstunden) ist abzuraten. Auch das erstmalige Tragen neuer Kleider ist an diesen Tagen nicht zu empfehlen.

■ Beruf und Finanzen

Positiv: Alle kreativen Arbeiten und künstlerischen Aktivitäten sind an Löwetagen erfolgreicher als sonst. Eine ausgezeichnete Zeit, um geschäftliche Angebote zu unterbreiten und neue Vorhaben und Unternehmungen zu beginnen, die auf Gunst, Glück, Reichtum und Einfluss abzielen (besonders in Sonnenstunden).

Negativ: Dieser Tag ist nicht geeignet zum Lösen finanzieller Probleme oder zum Begleichen von Schulden.

■ 1. und 2. Löwetag an einem Sonntag in Sonnenstunden

Positiv: ein ausgezeichneter Zeitpunkt, um Unternehmungen zu beginnen, die auf Gunst, Glück, Reichtum und Einfluss abzielen oder das Erreichte festigen sollen. Ebenso günstig, um Streitigkeiten beizulegen und zur Versöhnung. Besonders geeignet, um Aussprachen mit Kollegen oder Mitarbeitern zu führen, Missstimmung oder Verhärtung in Liebesbeziehungen aufzulösen, seine Feinde in Freunde zu verwandeln, das Verhältnis zu den Kindern zu festigen.

■ Löwe im Neumond

Positiv: An diesem Tag dominieren Selbstvertrauen, Durchsetzungskraft und Leidenschaft in der Liebe. Besonders gut, um zu Pläne zu schmieden und Vorsätze zu fassen, Neues zu beginnen oder eine neue Wohnung zu beziehen.

Negativ: Eifersucht, Misstrauen und negative Gefühle können zu starken Belastungen in der Partnerschaft führen.

■ Löwe im zunehmenden Mond

Positiv: zunehmendes Selbstbewusstsein und Leidenschaft in der Liebe.

Negativ: Eifersucht, Misstrauen und negative Gefühle können zu starken Belastungen in der Partnerschaft führen.

■ Löwe im Vollmond

Positiv: Leidenschaft in der Liebe.

Negativ: Innere Unruhe und seelische Beeinträchtigung bringen Schlaflosigkeit mit sich.

■ Löwe im abnehmenden Mond

Positiv: erhöhte Aktivität und Kraftentfaltung. Günstig für das Lösen von Unerwünschtem.

Negativ: Diese Tage sind ungünstig, um etwas Neues zu starten.

■ 11. Tag im siderischen Mondumlauf: Die Begünstigung

(8° 34´ 19´´ Löwe bis 21° 25´ 44´´ Löwe)

Positiv: Dieser Tag verleiht uns Redegewandtheit und klare Zielvorstellungen. Genau richtig, um jetzt mit Ihren Vorhaben zu beginnen. Ausgezeichnet geeignet für den Handel, speziell in der Modebranche. Er bringt auch Erfolg bei möglichen Erbschaften. Ein günstiger Tag, um Gesuche zugunsten von Inhaftierten zu schreiben und einzureichen. Talismane und Amulette, die jetzt angefertigt werden, unterstützen die Träger in den genannten Bereichen.

Negativ: für alle Rechtsangelegenheiten.

■ 12. Tag im siderischen Mondumlauf: Die Transzendenz

(21° 25´45´´ Löwe bis 4° 17´10´´ Jungfrau)

Positiv: ein guter Tag für den Beginn eines Studiums. Durch die Energie dieses Tages werden Aufstiegsmöglichkeiten gefördert. Gut für Angestellte im Fremdenverkehr und für Landwirte. Dieser Tag macht sinnlich, fördert Verliebtheit, Sexualität und Wollust, aber auch echte Liebesbeziehungen, Liebesglück und Wohlstand durch Heirat. Günstig, um Talismane und Amulette für gute Erträge (Einkommen und Ernte) anzufertigen oder solche, die unglücklichen Freunden, unterdrückten Frauen oder Inhaftierten Erleichterung in ihrer Lage bringen helfen.

Negativ: für Schiffe und alle Arten von Geschäften. Vorsicht vor Übertreibungen und leichtfertigen Bindungen, besonders in Mars- und Saturnstunden, denn sie können Liebeskummer, Krankheit oder sozialen Abstieg verursachen.

Mond in der Jungfrau ☿♍

Erdzeichen, Kraft: absteigend. Die Jungfrau wird von Merkur regiert und gehört zu den veränderlichen Zeichen. Diese stehen für das Streben nach Frieden und Anpassung.

Positiv: Sorgfältiges Prüfen, vorsichtiges Entscheiden, Ordnung und Sicherheit sind die prägenden Merkmale dieser Zeit.

■ Allgemein

Die Energie dieser Tage begünstigt besonders Kaufleute, Buchhändler, Schriftsteller, Diplomaten und Künstler. Es ist die »Loslasszeit«. Diese Zeitqualität ist günstig zum Auflösen von Verträgen, für Entlassungen, Kündigungen und Scheidungen.

Positiv: Die Tage unter dem Sternzeichen Jungfrau sind geprägt von Pflichterfüllung, Verantwortungsbewusstsein und der Sorge um die eigene Gesundheit. Sie eignen sich gut, um ein Studium, eine Lehre oder

Weiterbildung zu beginnen, zum Lernen und Studieren, zum Schreiben, für die Erledigung von Behördenangelegenheiten und die erste Übernachtung im neuen Heim (am besten zur Venusstunde). Es sind günstige Tage für die Reiseplanung, lange Reisen zu Lande, Reisen ins Gebirge, Schiffsreisen und ein passender Termin, um eine Kur oder Rehabilitationsmaßnahme zu beginnen.

Negativ: Dieser Tag begünstigt Diebe, daher ist besondere Vorsicht für Hab und Gut geboten.

■ Beruf und Finanzen

Positiv: eine günstige Zeit, um Mitarbeiter einzustellen, für geschäftliche Angebote, Geschäftstreffen, Vertragsabschlüsse, für die Erledigung behördlicher Angelegenheiten. Auch für die Einkaufsplanung, das Einfordern von Außenständen und Schulden, für Geldanlagen, Kredite und die Regelung von allen finanziellen Angelegenheiten eignen sich diese Tage sehr gut. Um geschäftlichen Schriftverkehr, Gesuche und Bücher zu schreiben, sind die Sonnenstunden an Jungfrautagen besonders Erfolg versprechend. Ebenso, um Referate zu halten und an die Öffentlichkeit zu treten; besonders für Politiker. Auch für Töpfer und Gartengestalter und alle Berufe, die mit Erde zu tun haben, bringt dieser Tag Erfolg.

Negativ: keine geeignete Zeit zum Begleichen von Schulden.

■ Partnerschaft und Familie

Positiv: Diese Tage eignen sich gut für die Erledigung des privaten Briefverkehrs, für den Beginn einer Entschlackungskur oder Diät und alles, was der Gesundheit förderlich ist.

Negativ: Die Grundstimmung an Jungfrautagen ist kühl und reserviert bis abweisend. Das trifft auch auf die Gefühle und zwischenmenschlichen Beziehungen zu. Kritik und Konfrontation können Unfrieden in der Familie heraufbeschwören. Diese Zeit ist auch ungeeignet für klärende Gespräche, das Beilegen von Unstimmigkeiten oder zur Versöhnung.

■ Jungfrautage in Merkurstunden bei aufsteigendem Mond

Positiv: Es ist die richtige Zeit für alle Bank-, Wechsel- und Geldgeschäfte.

■ Jungfrau im Neumond

Positiv: besonders gut, um zu planen, Vorsätze zu fassen und Neues zu beginnen. Bestens geeignet, um mit einer Diät zu beginnen oder für einen Fastentag zur Reinigung und Entschlackung des Körpers.

■ Jungfrau im zunehmenden Mond

Positiv: zunehmendes Selbstbewusstsein.
Negativ: Diese Tage eignen sich nicht für Arbeiten, die sehr viel Feingefühl erfordern.

■ Jungfrau im Vollmond

Negativ: innere Unruhe und starke seelische Einflüsse. Ungünstig für Behördengänge und den Antritt von Reisen.

■ Jungfrau im abnehmenden Mond

Positiv: erhöhte Aktivität und Kraftentfaltung. Besonders günstig für das Schreiben sowie zum Lernen und Studieren sowie für den Beginn einer Diät.
Negativ: Ein Reisebeginn an diesen Tagen ist nicht so günstig.

■ 13. Tag im siderischen Mondumlauf: Die Mystik

(4° 17´11´´ Jungfrau bis 17° 8´36´´ Jungfrau)
Positiv: ein guter Tag für den Handel, für alle Anlage- und Bankgeschäfte, um Geld zu borgen oder zu verleihen sowie für die Grundsteinlegung von Geschäftsgebäuden. An diesem Tag fällt es uns leicht, Gunst und Sympathie zu erringen. Günstig für die Anfertigung von Talismanen für Erfolg im Handel und zum Erringen von Gunst und Sympathie.

■ 14. Tag im siderischen Mondumlauf: Die Erleuchtung

(17° 8´37´´ Jungfrau bis 30° Jungfrau)
Positiv: bestens geeignet für den Beginn eines Fernstudiums. Bringt hohen Politikern und deren Freunden Unterstützung und Glück. Es besteht die Möglichkeit, der Liebe zu begegnen oder eine bestehende Beziehung zu festigen. Selbst wenn aus irgendwelchen Gründen eine Ehe ohne Liebe eingegangen wird, so ist dieser Tag gut, denn er begünstigt das Entstehen ehrlicher Liebe. Die Energie dieses Tage gibt günstige Impulse für die Besserung und Heilung bei Krankheit.
Negativ: für Reisen aller Art.

Mond in der Waage ☽♎

Luftzeichen, Kraft: absteigend, die Waage wird von Venus regiert und gehört zu den kardinalen Mondzeichen.

Positiv: An diesen Tagen herrscht eine romantische Grundstimmung und die Partnerbeziehungen haben Vorrang. Es besteht ein starkes Bedürfnis nach Harmonie; man begegnet gerne neuen Menschen und ist offen für neue Situationen und Umstände.

Negativ: An diesen Tagen besteht eine Tendenz Routinearbeiten zu vernachlässigen. Dies ist keine Zeit für schnelle Entscheidungen, denn es mangelt an Entschlusskraft.

■ Allgemein

Die Tage unter diesem Sternzeichen verleihen geistige Beweglichkeit und Kreativität.

Positiv: gut geeignet, um kontroverse Diskussionen zu beruhigen, Unstimmigkeiten zu schlichten und Aussprachen zur Versöhnung herbeizuführen. Eine günstige Zeit für Freundschaft und Vergnügen sowie für Liebes- und Ehepaare, auch um Musikinstrumente, Kleider, Schmuck und Accessoires zu kaufen und sie zum ersten Mal zu benützen. Gut für kurze Reisen und Schiffsreisen (Aufbruch zur Mondstunde) und Flugreisen (in Venus-, Merkur- und Mondstunden). Ein sehr guter Termin, um Schulden zu begleichen.

Negativ: um den Bau eines Hauses zu beginnen oder für den Einzug in eine neue Wohnung. Ebenso ungünstig für den Antritt einer neuen Arbeitsstelle oder eines Amtes. Auch von der Inbetriebnahme eines neuen Fahrzeugs ist abzuraten.

■ Beruf und Finanzen

Positiv: Diese Tage sind günstig für alle kreativen Tätigkeiten, und solche, die besondere Geschicklichkeit und künstlerischen Geschmack verlangen. Sie eignen sich bestens, um Gesuche und geschäftliche Briefe zu schreiben sowie für literarische Tätigkeit (besonders in Sonnen- und Merkurstunden).

Negativ: Bewerbungen um eine Stelle und Vorstellungsgespräche sind an diesen Tagen aussichtslos!

■ Partnerschaft und Familie

Positiv: Liebe und Partnerschaft stehen im Mittelpunkt der Aufmerksamkeit; Romantik und Harmonie prägen die Grundstimmung der Partnerbeziehung. Eine ausgezeichnete Zeit für reizvolle Begegnungen, stimmungsvolle Stunden und romantische Verführungen, besonders in Venusstunden. Diese Tage eignen sich auch gut für Verlobung und Hochzeit. Sie sind günstig für kreative Hobbys und Freizeitbeschäftigungen, wie z. B. Blumenbinden, modisches Gestalten und Bastelarbeiten sowie für Opern- und Konzertbesuch.

■ Waagetage in Venusstunden bei absteigendem Mond

Positiv: für alle Geld- und Bankgeschäfte.

■ Waage im Neumond

Positiv: ein guter Termin, um zu planen, Vorsätze zu fassen und Neues zu beginnen. Gut geeignet, um schlechte Gewohnheiten aufzugeben; ebenso für einen Fastentag zur Entschlackung und Reinigung des Körpers. Bei Verkäufen und Versteigerungen bestehen gute Aussichten.
Negativ: Vorsicht vor Überanstrengung.

■ Waage im zunehmenden Mond

Positiv: zunehmendes Selbstbewusstsein. Bei Verkäufen und Versteigerungen bestehen gute Aussichten.

■ Waage im Vollmond

Positiv: Bei Verkäufen und Versteigerungen bestehen gute Aussichten.
Negativ: Unruhe, starke seelische Einflüsse. Keine Reisen antreten.

■ Waage im abnehmenden Mond

Positiv: erhöhte Aktivität und Kraftentfaltung. Günstig für alle kreativen Arbeiten und Beschäftigungen.

■ 15. Tag im siderischen Mondumlauf: Die Suche

(0° Waage bis 12° 51´25´´ Waage)
Positiv: ein günstiger Tag, um etwas für Freunde zu tun sowie Menschen in Not beizustehen. Heute ist es uns möglich, ihnen zu helfen oder eine Wende herbeizuführen, indem wir uns schriftlich oder persönlich an die

zuständigen Stellen wenden. Dieser Tag ist auch gut für die Schatzsuche geeignet oder um Quellen aufzuspüren, ebenfalls um Werkzeuge für diese Zwecke zu kaufen und um Talismane anzufertigen, die Glück bringen bei der Quellen- und Schatzsuche.

Negativ: ungünstig für familiäre und andere Besuche sowie für alle neuen Vorhaben. Erste Intimkontakte an diesem Tag können sich unheilvoll auswirken. Dies ist auch kein guter Tag, um zu heiraten.

▨ 16. Tag im siderischen Mondumlauf: Das gute Aussehen

(12° 51´26´´ Waage bis 25° 42´52´´ Waage)

Positiv: Dieser Tag eignet sich optimal, um persönliche Schutzvorkehrungen zu treffen. Er ist auch günstig für Spekulationen, um Geld zu borgen oder zu verleihen. Es ist der richtige Zeitpunkt, um die neueste Mode auszuprobieren und zu tragen, sehr gut für den Ein- und Verkauf von Tieren und den Beginn einer Zucht.

Negativ: Heute ist es besonders wichtig, sich von rachsüchtigen, hasserfüllten und eifersüchtigen Personen fern zu halten; um nicht Ruf und Stellung aufs Spiel zu setzen.

▨ 17. Tag im siderischen Mondumlauf: Die Dauer

(25° 42´53´´ Waage bis 8° 34´18´´ Skorpion)

Positiv: ein günstiger Termin für den Beginn von Unternehmungen aller Art, auch um eine befriedigende Anstellung zu bekommen. Dieser Tag eignet sich besonders dafür, Talismane und Amulette anzufertigen, um Unglückliche glücklich zu machen, um Glück und Freundschaft zu erreichen und zu festigen, sowie Talismane für Reisen.

Negativ: kein guter Tag für das Eheleben oder für eine Heirat.

Mond im Skorpion ♏

Wasserzeichen, Kraft: absteigend. Der Skorpion wird vom Mars regiert und gehört zu den fixen Mondzeichen, die für Ausdauer, Fleiß und erhöhte Leistungsfähigkeit stehen. Die Seele sucht neue Erfahrungen, die manchmal auch schmerzlich sein können. Unter diesem Tierkreiszeichen werden gewaltige emotionale Energien freigesetzt, die besonders im Bereich der Sexualität wirken; dabei werden oft Tabus gebrochen.

Positiv: an diesen Tagen sind die magnetischen Kräfte besonders intensiv. Sie eignen sich daher vortrefflich für Farblicht- und Magnetbehandlungen. *Negativ:* es besteht eine Tendenz zu Eifersucht und eigenwilligem Verhalten.

■ Allgemein

Positiv: besonders gut geeignet für Entspannung, Kontemplation und Meditation, um den Weg zur eigenen Mitte zu finden. Auch günstig für den Einkauf von Garderobe.
Negativ: keine gute Zeit, um Behörden und Justizpersonen aufzusuchen, einen Prozess zu beginnen oder für die erste Übernachtung im neuen Heim.

■ Beruf und Finanzen

Positiv: ein guter Zeitpunkt für Planung neuer Projekte, für den Start von Werbemaßnahmen, für geschäftliche Verhandlungen sowie für Umfragen und Nachforschungen. Bestens geeignet für literarische Tätigkeit (besonders in Merkur- und Sonnenstunden), um Gesuche und geschäftliche Briefe zu schreiben sowie um Außenstände und Schulden einzufordern.
Negativ: Abschlüsse und Verträge, die an diesen Tagen zustande kommen, bringen Probleme. Sehr ungünstig, um Schulden zu begleichen oder Schutzsteine und Schmuck kaufen!

■ Partnerschaft und Familie

Positiv: Eine äußerst sinnliche Stimmung kennzeichnet diese Tage, in denen sexuelle Erlebnisse voll Leidenschaft möglich sind. Sie eignen sich gut für die ersten intimen Körperkontakte (in Venusstunden).
Negativ: Die Energie dieser Tage führt aber oft auch zu Streit. Ungünstig für Hochzeiten (besonders bei abnehmendem und Neumond). Schwangere sollten an Skorpiontagen besonders aufmerksam sein, denn es herrscht eine gewisse Tendenz zu Fehlgeburten.

■ Skorpiontage in Marsstunden bei absteigendem Mond

Positiv: ein günstiger Termin für alle Bank- und Geldgeschäfte.

■ Skorpion im Neumond

Positiv: besonders gut, um Pläne zu schmieden, Vorsätze zu fassen und Neues zu beginnen, ebenso um schlechte Gewohnheiten aufzugeben oder für einen Fastentag zur Entschlackung und Reinigung des Körpers.

◼ Skorpion im zunehmenden Mond

Positiv: zunehmendes Selbstbewusstsein. Besonders günstig für Projektplanung.

◼ Skorpion im Vollmond.

Negativ: Unruhe und starke seelische Einflüsse.

◼ Skorpion im abnehmenden Mond

Positiv: erhöhte Aktivität und Kraftentfaltung. Bestens geeignet für Werbemaßnahmen und das Schreiben. Günstig auch für Entschlackungs- und Schlankheitskuren.

◼ 18. Tag im siderischen Mondumlauf: Das Einengen

(8° 34´19´´ Skorpion bis 21° 25´44´´ Skorpion)

Positiv: Der Verkauf von Waren aus Eisen und Stahl ist an diesen Tagen begünstigt, ebenso alle Bankgeschäfte die mit Eisen- und Stahlhandel zu tun haben. Auch Detektive und Kundschafter profitieren von der Energie dieser Tage. Dies ist ein guter Zeitpunkt, um sich selbst sowie Haus und Stall mit Gebeten und Zeichen gegen Unbill und Feinde zu schützen.

Negativ: ein Tag, an dem es leicht zu Verstimmungen kommt und der gegen die Obrigkeit aufbringt. Übellaunigkeit, besonders im Familienkreis zieht an diesem Tag viel Ärger nach sich. Sehr ungünstig für den Beginn eines Prozesses.

◼ 19. Tag im siderischen Mondumlauf: Die Trockenzeit

(21° 25´45´´ Skorpion bis 4° 17´10´´ Schütze)

Positiv: ein idealer Tag, um kreativ zu arbeiten und Ideen zu entwickeln sowie für Angestellte, die sich um eine Gehaltserhöhung bemühen.

Negativ: ungünstig für Schiffe, für Vermögensangelegenheiten, alle Geld- und Handelsgeschäfte sowie für den Kauf und den Umgang mit gefährlichen Flüssigkeiten. Dieser Tag ist nicht dazu geeignet, Freundschaften zu knüpfen, einen festen Wohnsitz zu kaufen, zu beziehen oder einzurichten. Auf Kinder sollte man besonders Acht geben!

Mond im Schützen ♐

Feuerzeichen, Kraft: aufsteigend, Wendepunkt zwischen ab- und aufsteigender Kraft. Der Schütze wird von Jupiter regiert und gehört zu den veränderlichen Zeichen. Diese stehen für das Streben nach Frieden und Anpassung.

Positiv: die Haltung des Schützen, der nach vorne gerichtete Blick, kennzeichnet diese Tage. Es besteht ein starkes Bedürfnis, den Sinn des Lebens zu ergründen und den inneren Zusammenhängen auf die Spur zu kommen. Keine Zeit für Routine und Stagnation.

Negativ: es herrscht eine Tendenz zu Ruhelosigkeit, Unzuverlässigkeit, mangelnder Ausdauer sowie unüberlegten, voreiligen Aussagen.

■ Allgemein

Es ist die »Loslasszeit«. Diese Zeitqualität ist günstig zum Auflösen von Verträgen, für Entlassungen, Kündigungen und Scheidungen.

Positiv: ausgezeichnet geeignet, um Behörden und Justizpersonen aufzusuchen, sowie um rechtliche Angelegenheiten zu erledigen oder einen Prozess zu beginnen. Ein guter Tag für Gespräche mit Ärzten und Seelsorgern, auch für eine klärende Aussprache, um Missverständnisse auszuräumen, Unstimmigkeiten und länger schwelende Streitigkeiten zu bereinigen. Ebenfalls günstig, um Außenstände und Schulden einzufordern. Es ist ein passender Zeitpunkt für die erste Übernachtung im neuen Heim und kurze Reisen (Aufbruch in Mondstunden) sowie für Spiel und Sport.

Negativ: ein ungünstiger Tag zum Lösen finanzieller Probleme und um Schulden zu bezahlen, ebenso für den Kauf von Fahrzeugen, Maschinen und Waren aus Eisen.

■ Beruf und Finanzen

Positiv: gute Bedingungen für Geldgeschäfte, Kapitalanlagen und Spekulationen. Eine günstige Zeit für Aussprachen mit Mitarbeitern und Kollegen und um Missverständnisse und Zwist beizulegen. Bestens geeignet für den Start von Werbemaßnahmen, um Gesuche und geschäftliche Briefe zu schreiben sowie für literarische Tätigkeit.

■ Partnerschaft und Familie

Positiv: Schütztage eignen sich besonders zur Kommunikation zwischen den Partnern und innerhalb der Familie, um Differenzen zu beseitigen und neues Vertrauen aufzubauen. Diese Tage sind gut geeignet für die Partnersuche, die ersten Intimkontakte (in Venusstunden) und für Verlobungen.

■ Schützetage an einem Sonntag in Sonnenstunden

Positiv: Es ist die beste Zeit, Streit zu schlichten, Groll aufzulösen, zerstrittene Liebesbeziehungen wieder zu versöhnen und zu harmonisieren, das Verhältnis zu den Kindern zu festigen und seine Feinde in Freunde zu verwandeln.

■ Schützetage bei aufsteigendem und zunehmendem Mond in Venusstunden

Positiv: ein ausgezeichneter Termin zum Heiraten.

■ Schützetage bei aufsteigendem Mond in Jupiterstunden

Positiv: sehr günstig für Bank- und Geldgeschäfte.

■ Schütze im Neumond

Positiv: In beruflichen Dingen herrscht eine optimistische Grundstimmung. Dies ist eine gute Zeit, um Pläne zu schmieden, Vorsätze zu fassen und Neues zu beginnen. Gute Aussichten auch bei Versteigerungen und Verkäufen. Vortrefflich für einen Fastentag geeignet, zur Entschlackung und Reinigung des Körpers sowie um schlechte Gewohnheiten aufzugeben.

■ Schütze im zunehmenden Mond

Positiv: zunehmendes Selbstbewusstsein. Eine optimistische Grundstimmung ist in der beruflichen Situation vorherrschend. Eine günstige Zeit für einen Familienausflug oder eine kurze Reise.

■ Schütze im Vollmond

Negativ: Die Energie dieses Tages bewirkt Unruhe und starke seelische Einflüsse. Er ist sehr ungünstig, um eine Reisen anzutreten.

■ Schütze im abnehmenden Mond

Positiv: erhöhte Aktivität und Kraftentfaltung. Besonders günstig für Rechtsangelegenheiten.

20. Tag im siderischen Mondumlauf: Die Mondkraft

(4° 17´11´´ Schütze bis 17° 8´36´´ Schütze)

Positiv: Diese Position des Mondes begünstigt den Erfolg. Es ist ein guter Termin für den Beginn schriftstellerischer Arbeit, für alle Handelsgeschäfte, die Grundsteinlegung eines Neubaus und alle Bautätigkeit. Gute Bedingungen für Redner und Politiker. Diese Zeitqualität wirkt günstig auf die Liebe und die freie Bindung. Gut geeignet, um mit der Dressur von Tieren zu beginnen.

Negativ: für Bank-, Anlage- und Geldgeschäfte, um sich Geld zu leihen oder einen Kredit aufzunehmen. Das Kapital- und Anlagevermögen von Geschäften sollte an diesem Tag nicht bewegt werden, da sonst Verluste drohen.

21. Tag im siderischen Mondumlauf: Die Frau

(17° 8´37´´ Schütze bis 30° Schütze)

Positiv: ein guter Tag für Reisen und finanzielle Aktivitäten. Er begünstigt den Beginn von Liebesbeziehungen, aber auch deren Beendigung, Trennung und Scheidung. Die Energie dieses Tages bringt den Körper in Harmonie und unterstützt alle Arten von Heilung. Heute ist es günstig, Schutzsiegel für Anlagen und Vermögen, für Haus und Hof, sowie für Erträge der Landwirtschaft anzufertigen.

Negativ: An diesem Tag besteht die Tendenz zu ungezügelter Sexualität.

Mond im Steinbock 🐐

Erdzeichen, Kraft: aufsteigend. Der Steinbock wird von Saturn regiert und gehört zu den Kardinalzeichen. Es ist Jagdzeit.

Positiv: Die Energie dieses Tages regt dazu an, geradliniges und direktes Vorgehen, Disziplin und Sinn für Ordnung zu zeigen.

Negativ: mangelnde Flexibilität. Es besteht eine Neigung zu Melancholie, Depression, Kontaktangst, Verschlossenheit.

Allgemein

Positiv: Steinbocktage eignen sich gut, um einen Haushaltsplan aufzustellen und für größere Einkäufe, aber auch für die Erledigung weniger angenehmer Aufgaben. Diese Tage sind günstig für die Reiseplanung und um Schulden zu begleichen.

Negativ: kein guter Zeitpunkt, um Außenstände und Schulden einzufordern, Behörden aufzusuchen und Personen, die mit der Rechtspflege betraut sind. An diesen Tagen sollte man keine Schutzsteine und Schmuck kaufen.

■ Beruf und Finanzen

Positiv: Steinbocktage eignen sich vorzüglich, sich mit der beruflichen Weiterentwicklung zu befassen, für die Planung der Finanzen, neuer Projekte und langfristiger Vorhaben, z. B. den Erwerb von Immobilien, aber auch um Immobilienangelegenheiten zu regeln.

Es ist eine gute Zeit für den Ausbau von Geschäftsbeziehungen, um Verträge abzuschließen, für den Umgang mit Handwerkern, Landwirten und Personen, die mit Brunnen-, Tunnel-, Stollen- und Bergbau zu tun haben, sowie für den Einkauf von Waren aus Leder. Es ist auch ein ausgezeichneter Termin für den erfolgreichen Start von Werbemaßnahmen.

Negativ: ein besonders ungünstiger Zeitpunkt, um neue Arbeiten zu beginnen oder eine neue Stelle anzutreten. Ebenso ungünstig wäre es, neue Mitarbeiter einzustellen. Vorsicht, Gefahr droht bei Arbeiten mit schweren Werkzeugen und Geräten (z. B. Gerüsten, Maschinen, Schiffen usw.). Saturnstunden an Steinbocktagen sind besonders Unheil bringend. Es ist besser, alle Vorhaben auf einen anderen Tag und eine geeignetere Stunde zu verschieben.

■ Partnerschaft und Familie

Positiv: Diese Tage eignen sich gut, um mit dem Partner oder der Familie Pläne für die Zukunft zu schmieden.

Negativ: An diesen Tagen herrscht eine kühle Stimmung und die Gefühle treten etwas in den Hintergrund. Daher sind auch Begegnungen zurückhaltend und reserviert. Es ist keine geeignete Zeit, um Liebesbeziehungen zu beginnen.

■ Steinbock im Neumond

Positiv: ein guter Zeitpunkt, um Pläne zu schmieden, Vorsätze zu fassen und Neues zu beginnen, auch um einen Fastentag einzulegen.

Negativ: besonders ungünstig zum Heiraten.

■ **Steinbock im zunehmenden Mond**

Positiv: zunehmendes Selbstbewusstsein. Ausgezeichnet geeignet für den Beginn von Projektplanungen.

■ **Steinbock im Vollmond**

Negativ: Unruhe und starke seelische Einflüsse. Keine Reisen antreten.

■ **Steinbock im abnehmenden Mond.**

Positiv: erhöhte Aktivität und Kraftentfaltung. Vortrefflich geeignet für den Ausbau von Geschäftsverbindungen. Günstig auch für Entschlackungs- und Schlankheitskuren.

Negativ: besonders ungünstig für Hochzeitstermine.

■ **22. Tag im siderischen Mondumlauf: Die Diktatur**

(0° Steinbock bis 12° 51´26´´ Steinbock)

Positiv: Die Energie dieser Mondposition unterstützt Gebete und Mentalheilung.

Negativ: eine ungünstige Zeit für alle Handels- und Geldgeschäfte und für Vertragsabschlüsse. Sie eignet sich sehr schlecht, um sich Geld oder Wertgegenstände auszuleihen oder sie zu verleihen. In Partnerbeziehungen besteht die Gefahr von Streit. Kein guter Termin zum Heiraten!

■ **23. Tag im siderischen Mondumlauf: Die aktive Tat**

(12° 51´27´´ Steinbock bis 25° 42´52´´ Steinbock)

Positiv: Dieser Tag begünstigt Mediziner, Politiker, Polizisten und Soldaten. Es ist ein guter Zeitpunkt, um die Sympathie anderer zu gewinnen, die Gunst von Höhergestellten zu erlangen, oder das Herz einer Frau zu erobern. Die Energie dieses Tages unterstützt die Heilung von Krankheiten.

Negativ: Man sollte heute keine Verpflichtungen eingehen oder Verträge unterschreiben! Es ist ein ungünstiger Tag für den Kauf und Verkauf von Lederwaren oder Modeartikeln. Er eignet sich auch schlecht, um zu heiraten und für Bindungen aller Art! In vielen Bereichen besteht die Gefahr einer Trennung und Auflösung. Verträge, Liebesverhältnisse oder Ehen können auseinandergehen, ebenso Eltern-Kind-Beziehungen. Heute benötigen Kinder besondere Aufmerksamkeit und Schutz!

◼ 24. Tag im siderischen Mondumlauf: Die Kraft

(25° 42´53´´ Steinbock bis 8° 34´18´´ Wassermann)

Positiv: ein guter Zeitpunkt für den Beginn neuer Unternehmungen, eines Hausbaus und aller Bautätigkeiten. Ein guter Tag, um Freundschaften zu schließen, um zu heiraten oder sich Geld zu leihen. Heute sollte man Talismane und Amulette anfertigen, die uns vor Feinden schützen und auch solche, die dazu dienen, Erfolg im Geschäftsleben und in der Liebe zu haben.

Negativ: ein ungünstiger Tag für Geld- und Anlagegeschäfte und eine Reise auf dem Wasserweg. Bewerbungen um eine Stelle oder Vorstellungsgespräche sind heute aussichtslos!

Mond im Wassermann ♒

Luftzeichen, Kraft: aufsteigend. Der Wassermann wird von Saturn und Uranus regiert und gehört zu den fixen Zeichen, die für Ausdauer, Fleiß und hohe Leistungsfähigkeit stehen. Es ist die Bindezeit.

Positiv: Die Energie dieser Zeit stärkt die Intuition und bringt neue Erkenntnisse. Neue Freundschaften können entstehen und alte gefestigt werden. An diesen Tagen sind die magnetischen Kräfte besonders intensiv. Sie eignen sich daher vortrefflich für Farblicht- und Magnetbehandlungen.

◼ Allgemein

Positiv: In dieser Mondposition sollte man alles beginnen, was lange währen soll. Zieht man in dieser Zeit in eine neue Wohnung oder in ein neues Haus, wird man dort lange bleiben. Es ist ein günstiger Zeitpunkt für den Start eines Studiums oder um sich mit Grenzwissenschaften und Magie zu befassen.

Negativ: eine ungünstige Zeit für Veränderungen. An diesen Tagen sollte man niemals Schmuck und Schutzsteine kaufen und auch nichts verleihen, da es lange Zeit oder vielleicht überhaupt nicht zurückgegeben wird.

◼ Beruf und Finanzen

Positiv: Wassermanntage fördern Kreativität und Ideenreichtum. Sie eignen sich gut für Projektplanungen. Es ist die erfolgreichste Zeit, um an Erfindungen zu arbeiten und Neuerungen zu entwickeln, sowie zum Lernen und Studieren. Sie eignet sich ausgezeichnet für den Ausbau bestehender Geschäftsbeziehungen, die Aufnahme neuer weitreichender Kontakte und Geschäftsreisen, für alle Tätigkeiten, die mit Kommunikation und Werbung zu tun haben und um Außenstände und Schulden einzufordern.

■ Partnerschaft und Familie

Positiv: Die Zeitqualität ist günstig für vernunftorientierte Gespräche und um gemeinsam Pläne für die Zukunft zu schmieden.

Negativ: Aufgrund der zeitweise auftretenden Stimmungsschwankungen können unversehens Streitigkeiten entstehen, denen man oft nicht aus dem Weg gehen kann. Dies ist keine gute Zeit, um eine neue Beziehung zu knüpfen oder private Reisen zu unternehmen.

■ Wassermann im Neumond

Positiv: bestens geeignet, um Pläne zu schmieden, Vorsätze zu fassen und Neues zu beginnen, um schlechte Gewohnheiten aufzugeben sowie für einen Fastentag zur Entschlackung und Reinigung des Körpers. Günstig für die Kreativität und alle künstlerischen Aktivitäten. Gute Ergebnisse lassen sich bei Verkäufen und Versteigerungen erzielen.

■ Wassermann im zunehmenden Mond

Positiv: zunehmendes Selbstbewusstsein. Diese Zeit eignet sich gut für einen Umzug und die erste Übernachtung im neuen Heim (zur Venusstunde) und dazu, gemeinsam Pläne für die Zukunft zu schmieden.

■ Wassermann im Vollmond

Positiv: Die Energie dieses Tages begünstigt die Kreativität und alle künstlerischen Aktivitäten.

Negativ: Unruhe und starke seelische Einflüsse. Keine Reisen antreten.

■ Wassermann im abnehmenden Mond

Positiv: erhöhte Aktivität und Kraftentfaltung. Günstig für den Ausbau von Geschäftsbeziehungen, für die Kreativität und alle künstlerischen Aktivitäten, zum Lernen und Studieren und für Arbeiten, die viel Feingefühl erfordern, aber auch für einen Fastentag zur Entschlackung und Reinigung des Körpers.

Negativ: Der Umzug in dieser Mondposition bringt Unglück und Zerfall mit sich. Bewerbungen um eine Stelle oder Vorstellungsgespräche sind in dieser Zeit aussichtslos!

■ 25. Tag im siderischen Mondumlauf: Die Rache

(8° 34´ 19´´ Wassermann bis 21° 25´ 44´´ Wassermann)

Positiv: begünstigt Fortschritt und Neuerungen. Vortrefflich geeignet, um mit Studien, Erfindungen und Forschungsprojekten zu beginnen. Jetzt bestehen gute Erfolgsaussichten, verwickelte Probleme zu lösen, Erbschaftsangelegenheiten zu regeln. Ein günstiger Tag auch für Kuriere, Geldboten und für Polizeiaktionen.

Erfolg winkt auch in der Liebe. Heute ist auch ein guter Termin für eine Verlobung und einer der besten Tage, um Impotenz zu beheben. Meditation an diesem Tag zur Merkurstunde verhilft zu wichtigen Erkenntnissen.

Negativ: Krankheiten, die heute beginnen, sind schwierig zu heilen. Schwangere Frauen sollten heute besonders achtsam sein.

■ 26. Tag im siderischen Mondumlauf: Die Mondkraft

(21° 25´ 45´´ Wassermann bis 4° 17´ 10´´ Fische)

Positiv: ein Erfolg versprechender Tag für alle Vortragenden, Redner, Politiker und anderen, die viel reden müssen. Er ist ebenfalls günstig für Landwirte und den Handel mit Waren aller Art. Möglicherweise kommt eine Anstellung durch Vermittlung zustande, wenn man sich im Bekanntenkreis informiert.

Alle Liebesvorhaben, Verlobung und Heirat, die in dieser Zeit erfolgen, sind dauerhaft. Wo es etwas zu gewinnen gibt, kann man jetzt sein Glück versuchen. An diesem Tag lassen sich wirksame Talismane zur Festigung der Liebe und Amulette zum Schutz gegen alle Gefahren anfertigen.

Negativ: Dies ist eine ungünstige Zeit für Seereisen und den Handel mit Meeresprodukten (Fischen, Muscheln, Korallen usw.). ·

Mond in den Fischen ≈

Wasserzeichen, Kraft: aufsteigend. Die Fische gehören zu den veränderlichen Zeichen und werden von Jupiter und Neptun regiert. Sie stehen für das Streben nach Frieden und Anpassung.

Positiv: Phantasie, Hilfsbereitschaft. Eine Zeit der Träumerei, in der man sich leicht vergisst und verliert. Vortrefflich geeignet für Entspannung und meditative Versenkung.

Negativ: An diesen Tagen neigt man dazu, sich selbst etwas vorzumachen und verkennt oft die Wirklichkeit. Man unterliegt Stimmungsschwankungen und es besteht eine erhöhte Suchtgefahr.

■ Allgemein

Es ist die »Loslasszeit«. Diese Zeitqualität ist günstig zum Auflösen von Verträgen, für Entlassungen, Kündigungen und Scheidungen.

Positiv: diese Tage eignen sich bestens für Bewerbungs- und Vorstellungsgespräche, um Bewerbungen und Testamente zu schreiben, um sich zu versöhnen und Frieden zu stiften, sowie Vereinigungen und Bündnisse dauerhaft zu besiegeln, sei es geschäftlich oder privat. Gut für Reisen ins Gebirge und lange Reisen zu Lande.

Negativ: diese Tage eignen sich nicht gut zum Einkaufen, da man Gefahr läuft, übervorteilt zu werden oder mehr Geld auszugeben als gut ist. Von einer Schiffsreise ist in dieser Zeit abzuraten sowie davon, Behörden aufzusuchen und Personen, die mit der Rechtspflege beauftragt sind.

■ Beruf und Finanzen

Positiv: Die Energie dieser Tage fördert besonders die Intuition und die Kreativität. Bestens geeignet für literarische Arbeit, auch um Gesuche zu schreiben und geschäftliche Korrespondenz zu erledigen. Ein guter Termin für Bewerbungen und Vorstellungsgespräche und um Personal für Führungspositionen einzustellen. Auch ein günstiger Tag, um Außenstände und Schulden einzufordern und um Schulden zu begleichen.

Negativ: Diese Tage sind ungünstig für Verhandlungen, Geschäftsabschlüsse und analytische Arbeiten.

■ Partnerschaft und Familie

Positiv: In unseren persönlichen Beziehungen herrschen Romantik und Zärtlichkeit und die Gefühle stehen im Vordergrund. Es ist eine träumerische Stimmung, die uns den Partner durch eine rosarote Brille sehen lässt. Fischetage eignen sich gut für romantische und zärtliche Stunden zu zweit, für Verlobung und Heirat.

■ Fischetage in Jupiterstunden

Positiv: die beste Zeit für den Beginn von Tätigkeiten, die mit Wasserleitungen, Gartenteichen, Wassergewächsen, Brunnen, Gräben, Kanälen, etc. zu tun haben.

■ Fische im Neumond

Positiv: um Pläne zu schmieden, Vorsätze zu fassen und Neues zu beginnen, eine neue Wohnung zu beziehen, schlechte Gewohnheiten aufzugeben, oder einen Fastentag einzulegen. Dieser Tag bietet sich an zum Schwimmen, Tanzen und ins Kino zu gehen oder für einen harmonischen Familienbesuch.

■ Fische im zunehmenden Mond

Positiv: zunehmendes Selbstbewusstsein. Ein guter Tag zum Entspannen, zum Aufbau, zu Stärkung und Regeneration.
Negativ: ungünstig für Malerarbeiten.

■ Fische im Vollmond

Positiv: günstig für romantische und zärtliche Stunden zu zweit und für harmonische Familienbesuche.
Negativ: Unruhe und starke seelische Einflüsse. Keine Reisen antreten. Für Leistungssport und schwere körperliche Arbeit bei Herz- und Kreislaufproblemen sind diese Tage ungünstig.

■ Fische im abnehmenden Mond

Positiv: erhöhte Aktivität und Kraftentfaltung. Ein günstiger Tag, um sich von Unerwünschtem zu lösen. Günstig zum Entschlacken und Abnehmen, zum Entfernen von Warzen, für Zahnbehandlungen und für Fußreflexzonenmassagen.

■ 27. Tag im siderischen Mondumlauf: Der Verdienst

(4° 17´11´´ Fische bis 17° 8´36´´ Fische)
Positiv: Dieser Tag begünstigt den Handel, besonders mit Ernteproduk-

ten und bringt Glück bei einer Heirat. Besonders wirksam für Meditationen, um für Kranke zu beten, sowie Gebete für die Gesundheit der Menschen und der Erde durchzuführen, Pyramiden aufzustellen, an Kraftorten oder in Pyramiden heilende Gedanken zu pflegen. Heute ist es gut, Talismane für Freundschaften, für Kranke, für das Geschäft, für die Landwirtschaft und das Glück im Allgemeinen anzufertigen.

Negativ: um neue Unternehmungen zu beginnen, Grundbesitz zu kaufen oder zu verkaufen, an diesem Tag Geld zu leihen oder zu verleihen, die Heimat zu verlassen, sich vom Partner zu trennen oder eine Scheidung zu veranlassen.

■ 28. Tag im siderischen Mondumlauf: Die Verführung/Hilfe

(17° 8´37´´ Fische bis 17° 8´36´´ Fische)

Positiv: Dieser Tag bringt dem Handel Erfolg. Heute alles mental vorbereiten, dann können wir erreichen, was wir uns wünschen. Wenn wir jetzt um Hilfe bitten, werden wir damit Erfolg haben. Aufrichtig erbrachte Liebe in der Ehe oder einer Partnerschaft bringt Innigkeit, Freuden und Glück. Ein guter Tag, um Talismane für erfolgreichen Handel, gute Ernte, für einen positiven Verlauf bei Prozessen anzufertigen.

Negativ: Vorsicht bei Seereisen. An diesem Tag nichts leihen oder verleihen, keine Wertsachen aus Gold kaufen. Vorsicht bei Kapitalanlagen; es besteht Gefahr für das Vermögen.

Die Wahl des richtigen Zeitpunkts – Praktische Beispiele

Wie finden Sie die geeigneten Termine?

Es ist nicht so schwierig, wie es vielleicht auf den ersten Blick aussehen mag. Bei der Wahl des geeigneten Zeitpunkts können Sie Ihre Absichten grob in zwei Kategorien einteilen. In der ersten handelt es sich um Vorhaben, die eine nachhaltige Veränderung in Ihrem Leben bewirken, wie z. B. eine Verlobung, eine Heirat, ein Wohnungswechsel, ein Hausbau oder -kauf, ein Studienbeginn, ein Berufswechsel, eine Geschäftsgründung oder der Entschluss, auszuwandern. Es sind Absichten, die von langer Dauer sein sollen. Diese Angelegenheiten sollten im Einklang mit Ihrem Lebenszyklus stehen. Für solche Vorhaben richtet man sich zuerst nach den persönlichen Jahren im Neunjahreszyklus und den temporären Monatszahlen, bevor man den Tag und die Stunde festlegt.

Die zweite Kategorie beinhaltet Vorhaben, die eher allgemeiner Natur sind. Dazu gehören Behördengänge, Werbemaßnahmen, Verkaufsgespräche, Verträge und Urkunden zu unterschreiben, Briefe zu schreiben, Vorträge zu halten, Reisen, Geld einzutreiben und anderes mehr. Natürlich bewirken auch diese Dinge etwas in unserem Leben, aber sie beeinflussen nicht so nachhaltig unsere Persönlichkeit. Es sind meist mehr kurzzeitige Angelegenheiten. Bei dieser Art von Absichten beginnen Sie in dieser Reihenfolge: Suchen Sie zuerst aus der Beschreibung *Der Einfluss der Sternzeichen auf die Tagesqualität* (S. 125 ff.) einen für Ihr Vorhaben geeigneten Mondaufenthalt aus (z. B. Widder, Krebs etc.). Danach sehen Sie in der Jahresplanung nach, an welchen Kalendertagen das von Ihnen ausgewählte Tierkreiszeichen vorherrscht und um welchen Wochentag es sich dabei handelt. Anschließend lesen Sie die Beschreibung der Planetentage und wählen den geeigneten Wochentag aus, bei dem beides – der Mondaufenthalt und die Tagesbeschreibung – für Ihre Absicht günstig ist. Es ist dann ein Leichtes, an diesem Tag die geeignete Planetenstunde zu finden. Fällt der Mondaufenthalt auf einen Wochentag, dessen Planet gegen Ihr Vorhaben spricht, kommt dieser Tag nicht in Frage.

Zu den kurzfristigen Aktivitäten zählen alle Vorhaben, die nur ein paar Stunden oder höchstens ein paar Tage dauern, wie z. B. verkäuferische Tätigkeit, Kundenbesuche, Einkassieren von Geldern, Verhandlungen mit

Beamten, Bankiers und Rechtsanwälten, das Abfassen wichtiger Briefe, geschäftliche Verabredungen und Besprechungen, Direktionssitzungen, gesellschaftliche Veranstaltungen oder ein Umzug, Reisen und Ähnliches. Für ein mittelfristiges Vorhaben, das ein paar Wochen oder sogar einige Monate in Anspruch nimmt, wählt man zuerst den günstigsten Monat, dann den geeignetsten Tag mit dem passenden Mondstand und Tagesplaneten und danach die dafür beste Stunde. Zu den mittelfristigen Absichten gehört der Einzug in eine neue Wohnung oder in neue Geschäftsräume, der Erwerb, Verkauf, das Pachten oder Verpachten von Grundbesitz, der Start eines neuen Produkts, die Erstellung eines Testaments, Einstellung von Personal, Planung für den beabsichtigten Bau eines Eigenheimes, der Beginn langer Reisen, eines längeren Urlaubs, oder einer Kur, Verlobung usw.

Unternehmungen, die auf lange Sicht angelegt sind und lange Bestand haben sollen, kann man als langfristig bezeichnen. Auf solche Vorhaben wird man sich besonders gut vorbereiten und somit auch bei der Wahl des günstigsten Termins weitsichtig planen. Hier orientiert man sich als erstes am Neunjahreszyklus. Danach wählt man den geeigneten Monat anhand der Beschreibungen zu den temporären Monatszahlen und ermittelt anschließend den günstigsten Tag und die beste Stunde, wie bereits beschrieben. Zu den langfristigen Vorhaben gehören alle großen Projekte mit weitreichenden Folgen: z. B. den Beruf zu wechseln, eine Existenzgründung, eine Gesellschaft oder eine Stiftung zu gründen, die Grundsteinlegung für ein Haus, auszuwandern usw. Solche Taten sind wie ein Neubeginn in unserem Leben, die gut geplant und vorbereitet und zum bestmöglichen Zeitpunkt gestartet werden sollten.

Der tatsächliche Beginn ist entscheidend

Als zweites Kriterium zur Ermittlung des günstigsten Termins ist der Zeitpunkt des tatsächlichen Beginns entscheidend. Damit ist der Moment oder die Stunde gemeint, in der Sie den ersten Schritt tun. Wenn Sie z. B. einen Urlaub antreten, wäre das der Moment, in dem Sie das Haus verlassen. Wenn etwas an einem bestimmten Tag ungeeignet ist, dann gilt das für den ganzen Tag, auch wenn einige Planetenstunden an diesem sonst dafür geeignet wären. Ist jedoch ein Tag für ein bestimmtes Vorhaben geeignet, einige Planetenstunden an diesem Tag aber ungeeignet, dann sind diese Stunden auf jeden Fall zu meiden. Das heißt, diese Stunden bleiben auch an einem sehr günstigen Tag negativ. Da die verschiedenen Planetenstunden an jedem Tag drei- bis viermal vorkommen, haben Sie die Wahl, ob eine Stunde am Morgen, mittags oder am Abend mehr Ihren Vorstellungen entspricht. In der Wochenübersicht (Seite 105 ff.) finden Sie, zu welcher Tageszeit an jedem Tag die einzelnen Planetenstunden vorherrschen. Damit Sie nicht ständig umzurechnen brauchen, sind die Planetenstunden sowohl in Normalzeit (MEZ) als auch in Sommerzeit (MESZ) angegeben.

Nachdem Sie Ihren besten Termin ermittelten haben, übertragen Sie diesen in Ihren Terminkalender mit einem Vermerk über den Anlaß. Da Sie sicher im Laufe eines Jahres mehrere Aktivitäten von Bedeutung planen, ist die Auswahl der günstigsten Termine mit etwas Mühe und Zeitaufwand verbunden. Bedenkt man aber, dass jede Sache, der Erfolg beschieden sein soll, gute Vorbereitung nötig hat, dann gehört dazu auch eine überlegte Terminplanung.

Die Gunst der Stunde

Stellen Sie sich vor, jemand besucht Sie, unterbreitet Ihnen ein geschäftliches Angebot und Sie würden sich dafür interessieren. Es geht um eine Immobilienbeteiligung, eine Eigentumswohnung oder um einen Immobilienfond. Ihr Besucher beschreibt Ihnen nun alles, mit großer Redekunst und guten Argumenten in den schillerndsten Farben und macht Ihnen die schönsten Versprechungen, sodass Sie geneigt sind auf das Angebot einzugehen. Nehmen wir nun weiter an, der Vorschlag wird Ihnen am Montag während einer Mondstunde unterbreitet, in der es ungünstig ist Grundstücke und Liegenschaften zu erwerben. Sie könnten nun versucht sein, das Gespräch bis in die folgende Saturnstunde auszudehnen, weil diese Stunde für den Erwerb von Liegenschaften günstig ist. Damit würden Sie aber nichts Gutes erreichen, sondern sich selbst schaden, denn das Angebot kam während der Mondstunde zu Ihnen und das ist entscheidend. Die Verschiebung würde für Sie das Angebot nicht besser machen. Macht man Ihnen also einen Vorschlag zum ersten Mal während einer Periode, in der es nicht günstig ist, darauf einzugehen, dann sollten Sie dies auch nicht tun, wenn Ihnen der gleiche Vorschlag erneut zu einem günstigeren Zeitpunkt gemacht wird. Stellen wir uns nun vor, der Vertreter wäre im Anschluss weiter zu Ihrem Nachbarn gegangen, um ihm den gleichen Vorschlag zu unterbreiten, inzwischen hätte aber bereits die Saturnstunde begonnen, so würde dieses Angebot für Ihren Nachbarn unter einem anderen Stern stehen und damit für ihn durchaus günstig und erfolgreich verlaufen. Darin liegt kein Widerspruch, denn es liegt an der Schwingung und der Qualität der jeweiligen Stunde, in der wir zum ersten Mal mit einer Sache in Berührung kommen. Wir haben alle schon erlebt, dass die gleichen Dinge dem einen Erfolg und Gewinn brachten, während andere damit Schiffbruch erlitten, obwohl sie sich genauso verhalten haben.

Nehmen wir ein anderes Beispiel: Sie haben am Dienstagabend um 20 Uhr eine Verabredung mit einem prominenten Bekannten und möchten bei ihm eine Hilfestellung in geschäftlichen Belangen erwirken. Sie haben festgestellt, dass dieser Termin in eine Saturnstunde fällt, die sich an Hand der Beschreibung absolut nicht dazu eignet, Gunstbezeigungen zu erlangen, sowie Hilfe und Unterstützung von prominenten Persönlichkeiten in hoher Stellung zu erhalten. Wenn Sie also mit Ihrem Ansuchen Erfolg haben möchten, wäre es sinnvoll, den Termin auf 16 Uhr des gleichen Tages in eine Sonnenstunde vorzuverlegen oder einen Termin für Mittwoch um 20 Uhr (ebenfalls Sonnenstunde) zu vereinbaren.

Es gibt immer mehrere Wahlmöglichkeiten

Die Merkurstunden sind die günstigste Zeit für alle Arten von Handel und Verkauf. Die Merkurstunden am Mittwoch (Merkurtag) sind für Reisende, Verkäufer und Handelsvertreter die besten Stunden, um bei schwierigen Kunden vorzusprechen und zu einem Abschluss zu kommen. Es ist leicht einzusehen, dass es für einen Vertreter oder Außendienstmitarbeiter nicht sinnvoll ist, einen Kunden (z. B. am Dienstag) um 5 Uhr morgens für ein Verkaufsgespräch aufzusuchen, selbst wenn die Merkurstunde dafür besonders günstig ist. Da ist es schon wesentlich besser, eine Merkurstunde am selben Tag von 11 bis 12 Uhr oder von 18 bis 19 Uhr zu wählen.

Auch ein Termin am Mittwoch Vormittag zwischen 8 und 9 Uhr oder am Freitag zwischen 9 und 10 Uhr oder von 16 bis 17 Uhr wäre dafür bestens geeignet. Handelt es sich um einen besonders wichtigen Termin – und es lässt sich einrichten – ist die gleiche Planetenstunde an einem Vormittag vorzuziehen.

Das folgende Beispiel zeigt Ihnen ebenfalls, wie gut es ist, dass die verschiedenen Planetenstunden täglich drei- bis viermal wiederkehren. Angenommen, Sie haben irgendeinen für Sie wichtigen Antrag bei einer Behörde zu stellen oder andere Erledigungen zu tätigen, bei denen unter Umständen das Wohlwollen des Sachbearbeiters eine Rolle spielt. Sie haben herausgefunden, dass sich Sonnenstunden besonders dazu eignen, Personen in einflussreichen Stellungen aufzusuchen. Nehmen wir weiter an es ist Sommerzeit. Da viele Behörden nur am Vormittag Parteiverkehr zulassen, wird die Auswahl an geeigneten Stunden etwas eingeschränkt. Am Montag von 6 bis 7 Uhr kommt nicht in Frage, ebenso am Dienstag von 3 bis 4 Uhr. Günstig wäre aber die Sonnenstunde am Dienstag von 9 bis 10 Uhr, am Donnerstag von 11 bis 12 Uhr und am Freitag von 8 bis 9 Uhr. Auch Jupiter begünstigt solche Vorhaben. Somit eignen sich auch Jupiterstunden z. B. am Dienstag von 8 bis 9 Uhr und am Donnerstag (Jupitertag) von 9 bis 10 Uhr dafür.

Ein weiteres Beispiel: Sie haben sich vorgenommen, Außenstände einzutreiben oder eine Geldanlage zu tätigen. Sie finden heraus, dass für dieses Vorhaben die Jupiterstunde am Donnerstag besonders geeignet ist. Damit Sie sich in beiden Fällen eines Erfolgs erfreuen können, sollten Sie dazu die folgenden Konstellationen wählen: Mond im Widder, zur Marsstunde; Mond im Stier, zur Venusstunde; Mond in der Jungfrau, zur Merkurstunde; Mond im Schützen, zur Jupiterstunde; Mond im Steinbock, zur Saturnstunde; alle bei zunehmendem und aufsteigendem Mond.

Beispiele für kurzfristige Angelegenheiten

Wenn wir einen Umzug planen und beabsichtigen, im neuen Heim für lange Zeit zu bleiben – sei es in den eigenen vier Wänden oder in gemieteten – sollten wir die Kraft des wachsenden Mondes nutzen. Am besten eignet sich dafür das erste Viertel des zunehmenden Mondes im Wassermann oder Stier. Dies begünstigt nicht nur eine lange Verbleibdauer, es fördert auch den Zusammenhalt der Familie. Tage, an denen der Mond im Löwen und Skorpion steht, eignen sich ebenfalls noch dafür. Wollen wir uns einer langen Gesundheit erfreuen, sollten wir den Donnerstag für den Einzug meiden. Ungünstig ist auch der Samstag als Einzugstag, denn er bringt Unruhe ins Heim. Auf keinen Fall sollte man bei abnehmenden Mond ausziehen, weil das Zerfall und Unglück nach sich zieht. Wenn wir Tiere mitbringen, sollte der Einzug ebenfalls im ersten Viertel des zunehmenden Mondes erfolgen. Ungeeignet sind dafür aber der Dienstag und Donnerstag. Am günstigsten für die erste Übernachtung im neuen Heim sind Tage im Stier, Löwe oder Jungfrau. Begibt man sich in der ersten Nacht in einer Venusstunde zur Nachtruhe, bleiben Harmonie und Liebe in der Wohnung.

Wassermanntage eignen sich sehr gut, um Briefe zu beginnen. Auch Tage, an denen der Mond in den Zwillingen steht, eignen sich gut für das Schreiben von Briefen, aber auch für das Abfassen von Verträgen. Geschäftliche Briefe, Gesuche oder Bücher beginnt man am besten an Tagen, an denen der Mond in den Zeichen Zwillinge, Jungfrau oder Waage steht. Die günstigste Stunde für den Beginn ist in diesen Fällen jeweils die Sonnenstunde.

Zum Ausruhen und Entspannen eignet sich die Zeit von 13 bis 15 Uhr, in der wir unser Konzentrationstief haben. Nicht umsonst haben unsere Vorfahren in dieser Zeit ihren Mittagsschlaf gehalten und in südlichen Ländern hält man sich noch heute daran. Auch Krebs- und Fischetage eignen sich sehr gut, um etwas kürzer zu treten und sich Zeit für sich selbst und die Familie zu nehmen.

Beispiele für mittelfristige Unternehmungen

Zu den mittelfristigen Absichten kann man z. B. das Einstellen von Personal zählen, selbst wenn man beabsichtigt, seine Mitarbeiter möglichst lange zu behalten. Besonders günstig sind dafür Tage, an denen sich der Mond im Widder oder Krebs aufhält. Auch Stier, Zwillinge, Jungfrau und Fische eignen sich noch. Dagegen ist der Mondaufenthalt im Skorpion, Steinbock und Wassermann nicht zu empfehlen.

Um einen geeigneten Termin für einen Urlaub zu empfehlen zu können, muss man wissen, ob der Urlaub aktiv oder passiv verbracht werden soll. Das wiederum hängt vom jeweiligen Menschentyp und seinen Vorstellungen ab. Es gibt Menschen, die sich während des Jahres kaum bewegen und dann darauf warten, sich einmal richtig »auszutoben«. Diese werden möglicherweise einen abenteuerlichen »Erlebnisurlaub« mit körperlichem Einsatz suchen. Auch Menschen, die sehr viel Kopfarbeit leisten, werden mit körperlichen und sportlichen Aktivitäten Ausgleich zu ihrer Arbeit finden. Vielleicht finden diese Menschen ihre Freude bei Gartenarbeit, beim Wandern, Radfahren oder Bergsteigen und schöpfen dabei neue Inspiration. Andere brauchen nach beruflicher Anstrengung Ruhe, Erholung und geistige Anregung und erfahren dies z. B. beim Lesen oder durch Kunstgenuss wie einen Theater- und Konzertbesuch. Für einen erholsamen Urlaub oder eine Kur eignet sich besonders gut ein Monat mit der Schwingungszahl Sieben, die für Ruhe, Erholung, Reflexion, Besinnung und Gesundheit steht.

Die unterschiedlichen Erwartungen machen es oft für Familien schwer, eine übereinstimmende Lösung zu finden. Während der Vater vielleicht Ruhe und Entspannung sucht, wünschen sich Frau und Kinder möglicherweise Trubel und Aktion. Manchmal wird der Urlaub – der ja eigentlich zur Erholung vom Arbeitsprozess gedacht ist – jedoch mit zu vielen Aktivitäten ausgefüllt.

Ein Monat mit der Zahlenschwingung 18/9 wäre eine günstige Zeit für einen erholsamen Urlaub zu Hause. In dieser Periode geht es darum, sich aus der Hektik zurückzuziehen und mehr auf die Bedürfnisse des Körpers zu achten, über den gegenwärtigen Status und mögliche Veränderungen nachzudenken. Ruhe und Kontemplation sind angezeigt, um den Geist zu beruhigen und die zukünftige Richtung zu finden. Möglicherweise geht es um eine neue Richtung im Leben, wie z. B. einen neuen Beruf. Reisen ist jedoch unter dieser Zahl nicht zu empfehlen.

Unter der Schwingung einer Fünf fühlen wir uns oft aufgedreht und ruhelos, es locken uns Abenteuer und die Möglichkeiten neuer Perspektiven und wir wollen aus stagnierenden Lebensumständen ausbrechen. Dies ist eine günstige Periode und gute Gelegenheit, um Reisen zu unternehmen und sich dabei zu bilden.

In einem solchen Jahr ist Selbstdisziplin gefordert, ganz besonders in einem 5er-Monat, weil da die Jahresschwingung der Fünf durch die Monatsschwingung noch verstärkt wird. Übereilte Entscheidungen können dann oft zerstörend wirken und weit reichende und unangenehme Folgen nach sich ziehen. Wenn wir dieses Wissen berücksichtigen, können wir unsere Energie auf nützlichere Dinge lenken und uns vor Schaden bewahren.

Vorhaben mit weit reichenden Folgen

Für einen Neubeginn im Beruf oder einen Berufswechsel eignen sich besonders Monate mit der Zahlenschwingung 10 (September) im ersten Jahr des Neunjahreszyklus, mit der 17 als Monatszahl (August) im neunten Jahr des Neunjahreszyklus und der 21 (Dezember) im neunten Jahr. Die besten Tage sind bei zunehmendem Mond in den Zwillingen und im Löwen. Es eignen sich auch noch die Mondaufenthalte in den Zeichen Widder, Stier, Skorpion, Schütze oder Wassermann.

Wenn Sie einen schon lange gehegten »Traum« haben, der immer wieder in Ihrem Kopf herumspukt, dann träumen Sie nicht einfach weiter, beginnen Sie, ihn zu verwirklichen. Jetzt ist der Zeitpunkt gekommen etwas zu tun. Suchen Sie sich einen geeigneten Termin für den Start und beginnen Sie mit den Vorbereitungen. Machen Sie sich eine Liste, was alles dazu notwendig ist, holen Sie sich Informationen ein, überlegen Sie, welche Beziehungen Ihnen nützen könnten und welche Sie noch schaffen können, informieren Sie sich, bei welchen Institutionen Sie welche Starthilfen (Seminare, Kurse usw.), Gründerprogramme, Finanzierungshilfen oder Bürgschaften bekommen können. Wenn Sie sich erst einmal ein klares Ziel gesetzt und einen festen Entschluss gefaßt haben, werden Sie überrascht sein, welch unerwartete Möglichkeiten auf Sie zukommen. Denn mit dem ersten Schritt bringen Sie eine Kugel ins rollen, die unsichtbar wieder andere anstößt und in Bewegung bringt. Sie werden plötzlich auf Dinge aufmerksam, die schon lange vorher existiert haben, Ihnen aber bisher nicht aufgefallen sind, weil Sie dazu bisher keine Resonanz hatten. Sie werden sensibler für alles, was im Zusammenhang mit Ihrem »Projekt« steht und Sie werden von Seiten Hilfe bekommen, von denen Sie es nie erwartet hätten. Greifen Sie es also an, am besten JETZT, denn: alles was denkbar ist, ist auch machbar!

Große Projekte sollten gut geplant werden und erfordern meistens eine umfangreichere Vorbereitung. Die Planung im Neunjahreszyklus ermöglicht es Ihnen, das richtige Jahr für den Start eines großen Vorhabens festzulegen. Wenn Sie z. B. planen, sich selbstständig zu machen, ein Geschäft zu eröffnen, ein Haus zu bauen oder in anderes Land auszuwandern, ist dies ein entscheidender Schritt, der Ihr ganzes Leben verändern kann. Sie können sich mit der Planung im Neunjahreszyklus rechtzeitig auf Ihr Ziel vorbereiten, die notwendigen Informationen sammeln und entsprechende Beziehungen schaffen, eine eventuell notwendige Weiterbildung oder Umschulung absolvieren und sich um die Beschaffung der finanziellen Mittel kümmern.

Für die Gründung von Handels- und Gewerbebetrieben eignen sich gut die Monate mit den Zahlenschwingungen 10 (September, neuntes Jahr) und 17 (August, neuntes Jahr) sowie 20 (November, neuntes Jahr) Ein besonders glücklicher Termin für den Start wäre an einem Löwe-Tag bei aufsteigendem und zunehmendem Mond (Siehe Tabelle: Ausbildung, Beruf, Weiterbildung, Geschäft, Finanzen). Für den Baubeginn, Umbau oder Renovierung des eigenen Hauses wäre der beste Termin ein Vierer-Monat im ersten Jahr des Neunjahreszyklus (März). Gut geeignet ist auch im neunten Jahr der November mit der Monatszahl 20. Für Umbau und Renovierung ist der Februar im vierten Jahr des Neunjahreszyklus mit der Zahlenschwingung Sechs sehr günstig. Besonders geeignete Tage sind dafür bei aufsteigendem Mond im Widder, Stier, Jungfrau oder Wassermann, erstes und zweites Viertel. Als Zeitpunkt des Beginns gilt bei einem privaten Bauwerk der erste Spatenstich, und bei einem öffentlichen Gebäude die Grundsteinlegung (Siehe Tabellen: Kauf und Verkauf von Wohneigentum, Hausbau, Renovieren und reparieren).

Heirat und Familie

Eine Heirat und eine Familie zu gründen, gehört ebenfalls zu den Absichten, von denen man sich wünscht, dass sie lange Bestand haben. Wenn man sich die Zeit nimmt, dazu den besten Termin abzuwarten, dann steht diese Ehe unter einem guten Stern. Da in der Regel bei beiden Partnern der Neunjahreszyklus aufgrund unterschiedlicher Geburtsdaten zu verschiedenen Zeiten beginnt, sollte man beide Zyklen vergleichen und daraus den für beide Teile günstigsten Termin wählen. Geeignete Termine dafür sind am ersten und zweiten Wassermanntag, ersten und zweiten Fischetag zu einer Venusstunde am Vormittag, besonders, wenn einer dieser Tage auf einen Freitag fällt (Venustag), ebenso Stiertage oder Waagetage. Als Monatsschwingung eignet sich z. B. die Sechs, im Tarot *Die Liebenden*. Eine Heirat unter dieser Zahl verspricht, dass die Ehepartner großes Glück miteinander finden. Ein besonders günstiger Hochzeitstermin ist in einem Monat mit der 19 als Ihrer temporären Monatsschwingung. Die Heirat unter dieser Zahlenschwingung verspricht nicht nur großes Glück in der Ehe, sondern auch eine glückliche Hand in finanziellen Angelegenheiten. Auch die Monatsschwingung 21 eignet sich gut für eine Heirat (Siehe Tabelle: Freundschaft, Liebe, Familie). Wie immer hängt es letztlich aber von uns selbst und unserem Verhalten ab, wie sich unsere Partnerschaft entwickelt.

Bei dem Wunsch nach einem Kind müssen die sichersten Zeiten für die Zeugung aus den Zahlen eines jeden Paares ermittelt werden. Es gibt jedoch allgemein gültige Termine, die eine Empfängnis begünstigen. So erhöht z. B. ein Monat mit der Zahlenschwingung 14 die Chancen für eine Schwangerschaft. Das wären die folgenden Monate: Dezember im zweiten Jahr, November im dritten Jahr, Oktober im vierten Jahr des Neunjahreszyklus. Dies setzt sich so fort bis zum Mai im neunten Jahr. Die Aussichten für eine mögliche Empfängnis stehen besonders gut am Donnerstag in Venusstunden, am Freitag in Jupiterstunden und bei zunehmendem Mond, im Zeichen Zwillinge ebenso in Marsstunden. Die Zahlenschwingung 14 (die Sonne) betrifft zwar eine Schwangerschaft oder Geburt, doch der schöpferische Akt muss sich nicht unbedingt auf die Geburt eines Kindes beziehen, sondern kann auch die Geburt eines geistigen Produktes hervorbringen. Diese Periode kann deshalb gut dazu genutzt werden, eine Erfindung zu machen, ein Buch zu schreiben, ein Kunstwerk zu erschaffen, eine Skulptur, ein Gemälde, eine musikalische Komposition und anderes mehr.

Der Lifetimer – einfach und schnell

Wenn Sie sich die Zeit nehmen, den günstigsten Zeitpunkt für alle wichtigen Vorhaben zu ermitteln, machen Sie sich die Zyklen der Natur zunutze. Projekte, die zum richtigen Zeitpunkt gestartet werden, haben die besten Aussichten, weil sie der Schwung der aufsteigenden Energien regelrecht mitreißt. Es ist, als würden tausend unsichtbare Helfer bereitstehen, die zum Gelingen beitragen.

Für alle jene, die zu wenig Zeit finden und trotzdem nicht darauf verzichten möchten, habe ich einen Lifetimer® entwickelt, mit dem es einfacher und schneller geht. Es handelt sich dabei um einen Zeitplaner in DIN-A5-Format mit Universallochung, der sich in die meisten aller gängigen Ringbuch-Terminplaner einsetzen lässt. Mithilfe des Lifetimer® können Sie für über 150 Absichten, Ziele und Anlässe, an den jeweiligen Tagen und zu den entsprechenden Stunden die besten Termine einfach und schnell herausfinden. Er lässt sich auf Ihre Geburtsdaten einrichten und wird so zu Ihrem persönlichen Terminplaner für das richtige Timing in Ihrem Leben. Zusätzlich gibt es dazu ein perfekt strukturiertes Formular-System; Formblätter für Ihre beruflichen und privaten Ziele, für Ihre Ideen und die Planung von Projekten, für Gesprächsnotizen, ein Adressen-Register und anderes mehr. Ab Herbst 2002 ist der Lifetimer® im Handel erhältlich.

Tabellen

Erklärung der Symbole

☾	aufsteigender Mond (übergehender Mond / Mond geht über sich)
☽	absteigender Mond (untergehender Mond / Mond geht unter sich)
☊	aufsteigender Mondknoten
☋	absteigender Mondknoten
●	NM = Neumond
☽	zunehmender Mond
○	VM = Vollmond
☾	abnehmender Mond
♈	Widder = Feuerzeichen
♌	Löwe = Feuerzeichen
♐	Schütze = Feuerzeichen
♉	Stier = Erdzeichen
♍	Jungfrau = Erdzeichen
♑	Steinbock = Erdzeichen
♊	Zwillinge = Luftzeichen
♎	Waage = Luftzeichen
♒	Wassermann = Luftzeichen
♋	Krebs = Wasserzeichen
♏	Skorpion = Wasserzeichen
♓	Fische = Wasserzeichen
()	Wendepunkt zwischen absteigender und aufsteigender Kraft
☉	Sonne
♀	Venus
☿	Merkur
☾	Mond
♄	Saturn
♃	Jupiter
♂	Mars
👍	günstig
👎	schlecht

171

■ Abkürzungen:

4. Tag oder 4. Tag d. sider. MU = 4. Tag des siderischen Mondumlaufs
im 3. Haus oder im 2. + 5. Hs. oder im 1. + 9. Mondhaus =
im entsprechenden Haus des synodischen Mondumlaufs

● NM im ♋ = Neumond im Zeichen Krebs

♎ ● = Neumond in der Waage

☽ 1. Viertel, ♉ = zunehmender Mond 1. Viertel im Zeichen Stier

2 Tage v. März ● = 2 Tage vor Neumond im März

1 Tag v. Dez. ● = 1 Tag vor Neumond im Dezember

(Nov. + d. letzten Tage d. Dez. = abnehmender Mond im November
und die letzten Tage des Dezember

Kurz nach VM ♉ = kurz nach Vollmond im Zeichen Stier

Kurz nach VM am besten in ♃-stunden = kurz nach Vollmond
am besten in Jupiterstunden

gener. (gen.) in ♄-stunden = generell in Saturnstunden

Planetenstunden und -tage

MEZ	Sonntag	Montag	Dienstag	Mittwoch	Donnerstag	Freitag	Samstag	MESZ
18^{00}–19^{00}	☉ Sonne	☾ Mond	♂ Mars	☿ Merkur	♃ Jupiter	♀ Venus	♄ Saturn	19^{00}–20^{00}
19^{00}–20^{00}	♀ Venus	♄ Saturn	☉ Sonne	☾ Mond	♂ Mars	☿ Merkur	♃ Jupiter	20^{00}–21^{00}
20^{00}–21^{00}	☿ Merkur	♃ Jupiter	♀ Venus	♄ Saturn	☉ Sonne	☾ Mond	♂ Mars	21^{00}–22^{00}
21^{00}–22^{00}	☾ Mond	♂ Mars	☿ Merkur	♃ Jupiter	♀ Venus	♄ Saturn	☉ Sonne	22^{00}–23^{00}
22^{00}–23^{00}	♄ Saturn	☉ Sonne	☾ Mond	♂ Mars	☿ Merkur	♃ Jupiter	♀ Venus	23^{00}–24^{00}
23^{00}–24^{00}	♃ Jupiter	♀ Venus	♄ Saturn	☉ Sonne	☾ Mond	♂ Mars	☿ Merkur	0^{00}– 1^{00}
0^{00}– 1^{00}	♂ Mars	☿ Merkur	♃ Jupiter	♀ Venus	♄ Saturn	☉ Sonne	☾ Mond	1^{00}– 2^{00}
1^{00}– 2^{00}	☉ Sonne	☾ Mond	♂ Mars	☿ Merkur	♃ Jupiter	♀ Venus	♄ Saturn	2^{00}– 3^{00}
2^{00}– 3^{00}	♀ Venus	♄ Saturn	☉ Sonne	☾ Mond	♂ Mars	☿ Merkur	♃ Jupiter	3^{00}– 4^{00}
3^{00}– 4^{00}	☿ Merkur	♃ Jupiter	♀ Venus	♄ Saturn	☉ Sonne	☾ Mond	♂ Mars	4^{00}– 5^{00}
4^{00}– 5^{00}	☾ Mond	♂ Mars	☿ Merkur	♃ Jupiter	♀ Venus	♄ Saturn	☉ Sonne	5^{00}– 6^{00}
5^{00}– 6^{00}	♄ Saturn	☉ Sonne	☾ Mond	♂ Mars	☿ Merkur	♃ Jupiter	♀ Venus	6^{00}– 7^{00}
6^{00}– 7^{00}	♃ Jupiter	♀ Venus	♄ Saturn	☉ Sonne	☾ Mond	♂ Mars	☿ Merkur	7^{00}– 8^{00}
7^{00}– 8^{00}	♂ Mars	☿ Merkur	♃ Jupiter	♀ Venus	♄ Saturn	☉ Sonne	☾ Mond	8^{00}– 9^{00}
8^{00}– 9^{00}	☉ Sonne	☾ Mond	♂ Mars	☿ Merkur	♃ Jupiter	♀ Venus	♄ Saturn	9^{00}–10^{00}
9^{00}–10^{00}	♀ Venus	♄ Saturn	☉ Sonne	☾ Mond	♂ Mars	☿ Merkur	♃ Jupiter	10^{00}–11^{00}
10^{00}–11^{00}	☿ Merkur	♃ Jupiter	♀ Venus	♄ Saturn	☉ Sonne	☾ Mond	♂ Mars	11^{00}–12^{00}
11^{00}–12^{00}	☾ Mond	♂ Mars	☿ Merkur	♃ Jupiter	♀ Venus	♄ Saturn	☉ Sonne	12^{00}–13^{00}
12^{00}–13^{00}	♄ Saturn	☉ Sonne	☾ Mond	♂ Mars	☿ Merkur	♃ Jupiter	♀ Venus	13^{00}–14^{00}
13^{00}–14^{00}	♃ Jupiter	♀ Venus	♄ Saturn	☉ Sonne	☾ Mond	♂ Mars	☿ Merkur	14^{00}–15^{00}
14^{00}–15^{00}	♂ Mars	☿ Merkur	♃ Jupiter	♀ Venus	♄ Saturn	☉< Sonne	☾ Mond	15^{00}–16^{00}
15^{00}–16^{00}	☉ Sonne	☾ Mond	♂ Mars	☿ Merkur	♃ Jupiter	♀ Venus	♄ Saturn	16^{00}–17^{00}
16^{00}–17^{00}	♀ Venus	♄ Saturn	☉ Sonne	☾ Mond	♂ Mars	☿ Merkur	♃ Jupiter	17^{00}–18^{00}
17^{00}–18^{00}	☿ Merkur	♃ Jupiter	♀ Venus	♄ Saturn	☉ Sonne	☾ Mond	♂ Mars	18^{00}–19^{00}

Kauf und Verkauf von Wohneigentum

	Aktivitäten	bester Starttermin	günstig	ungünstig
Kauf + Verkauf	1. Gespräch für Haus / Wohnungskauf	sehr gut ♐	☽ 1. Viertel, ♉ ♋ ♌ ♎ ♈ ♊	♍ ♏ ♑ ♒ ♓
	Weitere Verhandlungen	♊ ♑		
	Kauf von Haus / Wohnung (Selbstnutzung)	sehr gut ♐ ♑ in ☿ + ♄-stunden	☽ 1. Viertel, ♉ ♋ ♌ ♎ ♈	♍ ♏ ♑ ♒ ♓ + 4. Tag
	Kauf von Haus / Wohnung (Spekulation)	sehr gut ♐ ♑ in ☿ + ♄-stunden	♈ ♋ ♎	♉ ♌ ♏ ♒ + 4. Tag
	Notartermin / Kaufvertrag	Kurz nach ○ VM am besten in ♃-stunden		
	Inserate für Verkauf (Haus / Wohnung)	sehr gut ♐		
	1. Gespräch für Verkauf	sehr gut ♐	☽ 1. Viertel, ♉ ♋ ♌ ♎ ♈	♍ ♏ ♑ ♒ ♓
	Weitere Verhandlungen	♊ ♑		
	Verkauf von Haus oder Wohnung	♑ + 1. Tag ♉ in ♄-stunden		1. Tag ♓ + 4. Tag d. sider. MU
	Notartermin / Kaufvertrag	Kurz nach ○ VM am besten in ♃-stunden		
	Umzug	☽ 1. Viertel, ♉ ♒	☽ ♌ ♏	☾ besond. Donnerstag + Samstag
	Erste Nacht im neuen Heim (Schlafengehen)	♉ ♌ ♍ am besten in ♀-stunden	♊ ♎ ♐ ♒ (in ♀-stunden)	♈ ♋ ♏
Hausbau	Grundstückskauf	♉ ♍ ♎		♏ ♓ + 4. Tag d. sider. MU
	Projektplanung für Hausbau	1. oder 9. Tag n. Neumond / Vierer-Monat		
	Schlagen von Bauholz	☽ ♓ + ☾ Nov. + d. letzten Tage d. Dez.	31. Jan. u. 1. + 2. Febr.	☾ besonders im ♌
	Schlagen von Holz, das nicht schwindet	21. Dez. zwischen 11 + 12 Uhr	25. März + 29. Juni + ☾	☽
	Schlagen von Holz, das nicht fault	im März bei ☾ in Fische	1. / 7. / 25. / 31. Jan. u. 1. + 2. Febr.	☽
	Schlagen von Holz, das schwer brennt	1. März nach Sonnenaufgang	♎ ● / 2 T. v. März ● / 1 T. v. Dez. ●	☽
	Schlagen von reißfestem Holz	Kurz vor November-NM ●	● NM im ♏	☽ besonders im ♌
	Schlagen von Holz für Türen / Fenster	21. Dez. zwischen 11 + 12 Uhr	25. März + 29. Juni + ☾	☽
	Schlagen von Dielenholz (Fußboden / Treppen)	Kurz nach ○ VM ♉	Skorpion im August	
	Lagern von Bauholz	♑		
	Einkauf der Bausteine	☊		♉ ♑

Hausbau

Aktivitäten	bester Starttermin	günstig	ungünstig
Baubeginn (1. Spatenstich / Grundsteinlegung)	☽ ... + 13. / 20. / 24. Tag sid. MU	1. Tag ♉	♊
Aushub der Baugrube	☾ ...	☾	☽ + ♊
Erdaushub mit sofortiger Drainage	☽ ...		☽ ...
Drainage (Wasserableitung)	☽ ...		☽ ...
Fundamente / Keller betonieren	○ VM + ☾ ... ☽ ...		
Feuchtarbeiten / Kanalisation	☽ ...	♏	☾ ...
Sanitäre und Heizungsinstallation	☽ ...	♏	☾ ...
Dachstuhl fertigen und aufrichten	☾ ...	☾ ...	☽ ... + ○ VM
Dach decken / Ziegel	☾ ...	☾	☽ ...
Betonieren und Estrich gießen	☾ ...	☾ ...	☾ / ☽ / ○ VM ...
Verputzen	☾ ...	☾ ...	☾ + ○ VM + / ♊
Herstellung von Holztüren und -fenster	☾ ...	☾ ...	☾ ... + / ♊ ...
Verglasen und Einbau der Holztüren und -fenster	...	☾ ...	☾ + ☽ ... + ○ VM
Herstellung und Einbau von Holztreppen	☾ ...	☾ ...	☾ + ☽ ... + ○ VM
Verlegen von Fliesen und Platten	☾	☾ ...	☽ + ○ VM
Verlegen von Holzböden und Holzdecken	☾ ...	☾ ...	☾ + ☽ ... + ○ VM
Fußbodenbeläge verlegen	☾		☽ + ○ VM
Streichen und Imprägnieren	☾ 4. Viertel ...		
Malerarbeiten allgemein	☾ ... ☾ 4. Viertel	☾ ...	☾ + ☽ ...
Trocknen und Lüften	☾ ...		
Anbringen von Regenrohren und Dachrinnen	☾ ...		
Aushub und Setzen von Klär- und Versitzgruben	☽ ...		☽ ...
Wege anlegen	☾ + ● NM ...	☾ + ● NM ...	☽ ... ○ VM

175

Renovieren und reparieren

Aktivitäten	bester Starttermin	günstig	ungünstig
Erstbeheizung von Kaminen	☾ ♌ ♏ ♐		
Umzug	♊ im ● NM / ♏ ☽		♉
Erste Nacht im neuen Heim (Schlafengehen)	♋ im ☽ / ♏ ☽ in ♀-stunden		♉
Renovierungen	♋ ♏ ♐ ♑ ♓		♊ ♏ ♌ ♑ ♓
Neu verputzen / Putz ausbessern	☾ ♌ ♏ ♐ ♑ ♒	☾ ♏ ♑ ♒	☾ + ○ VM ♓ / ☽ ♌
Mauerentfeuchtung	♌ ♏ ♑ ☾ 4. Viertel		
Wasser- und Heizungsinstallation erneuern	☽ ♌ ♏	♓ ♒	☾ ♌ ♏ ♌ ♏ ♑ ♑ ♒ ♒
Badumbau	☽ ♓ ♏	♓ ♒	☾ ♌ ♏ ♌ ♏ ♑ ♑ ♒ ♒
Erneuern von Fliesen und Platten	☾		☽ + ○ VM
Malerarbeiten	☾ ♌ ♏ ♐ ♑	☾ ♏ ♑ ♒	☾ + ☽
Fenster erneuern / neu verglasen	♏ ♑	☾ ♏ ♑ ♒ ♓	☾ + ☽ ♓ + ○ VM
Holzfußböden / Holzdecken erneuern	☾ ♏	☾ ♌ ♏ ♏ ♑ ♑ ♒ ♒	☾ + ☽ ♌ ♏ + ○ VM
Holztreppen erneuern	☾ ♏	☾ ♌ ♏ ♏ ♑ ♑ ♒ ♒	☾ + ☽ ♌ ♏ + ○ VM
Fußbodenbeläge erneuern	☾		☽ + ○ VM
Trocknen und Lüften	♌ ♏ ♑ ☾ 4. Viertel	☾ ♏	
Dachstuhl erneuern	☾ ♏	☾ ♌ ♏ ♑ ♑ ♒	☽ ♌ ♏ + ○ VM
Dachziegel ausbessern / neu decken	☾ ♏	☾	☽ ♌ ♏ ♓
Dachrinnen reinigen / erneuern	♓		☽ ♓ ♏
Schneefanggitter / Blitzschutz anbringen	Montag zu Mondstunden		
Gartenteiche betonieren	☽ ♏ ♒		

176

Ausbildung, Beruf, Weiterbildung

Aktivitäten	bester Starttermin	günstig	ungünstig
Beginn eines Studiums / einer Lehre	♉ ♊ ♋ ♍	♈ ♌ ♎ ♏ ♒ ♓	♐ ♑
Beginn von Umschulung / Weiterbildung	♉ ♊ ♋ ♍	♈ ♌ ♎ ♏ ♒ ♓	♐ ♑
Lernen und studieren	♊ ♌ ♍ ♒ bei ☾	♊ ♌ ♍ ♒	☽ ♋ ♓
Mentale Vorbereitung für Wünsche und Ziele	Donnerstag in ♃-stunden		
Entschlüsse, die uns im Leben vorwärts bringen	allgemein in ♃-stunden		
Vorsprache bei Vorgesetzten und einflussreichen Personen	am besten in ♄- + ☉-stunden		
Kreativität (allgemein)	♌ ♎ ♒ ♓ bei ☾	♌ ♎ ♒ ♓	♈ ♍
Bewerbung / Vorstellung	♓+ bei ☾ wen. Tage nach ○ VM + 10., 24., 26. Tag	☾	♎ ♑ + bei ☽
Antritt einer Stellung / eines Amtes	♒		♎ ♑ (besonders in ♄-stunden)
Arbeiten, die viel Geschick und Körperkraft erfordern	bei ☾ nachmittags zwischen $14.^{00}$ + $18.^{30}$	☾	☽ + ● NM
Arbeiten, die viel Feingefühl erfordern	♎ bei ☾	♋ + ♒ bei ☾	♍ bei ☽
Ersuchen um Gehaltserhöhung	am besten in ♄- + ☉-stunden + 19. Tag		
Bemühungen für eine Beförderung	in ♄- + ☉-stunden		
Kunstgewerbliche Arbeiten	♉ ♋ ♒ bei ☾	♉ ♋ ♒	♑
Literarische Tätigkeit	♊ ♍ ♏ bei ☾ besonders in ☿-stunden	♊ ♍ ♏	♋ ♐ ♓ bei ☽
Gründung von Gewerbe- oder Handelsbetrieben	♉ ♍ ♑ Mond im 1. + 2. Viertel		
Neue Vorhaben beginnen	♊ ♌ im ☽ + 1. Tag ♈	♈ ♉ ♏ ♐ ♒ im ☽	1. Tag ♓
Werbemaßnahmen	♊ ♏ bei ☾	♈ ♊ ♏ ♐ ♑	☽
Geschäftliche Erstkontakte	♊ ♐ ♑ + 1. Tag ♈		
Angebote / Verkaufsgespräche	♈ ♊ ♌ ♍	♋ ♏ ♐ ♒ ♓	♉ ♎ ♑
Geschäftsbeziehungen ausbauen	♊ ♑ ♒ bei ☾	♊ ♑ ♒	☽
Geschäftsessen	1. + 3. Tag ♋ + 2. Tag ♌		
Handel und Verkauf (in ☿-stunden)	♊ + 1. Tag ♌ + ♐ / 2. Tag ♒ / 1. + 2. Tag ♓	20. / 26. / 27. / 28. Tag sid. MU	22. Tag d. sider. Mondumlaufs

Beruf, Geschäft, Finanzen

Aktivitäten	bester Starttermin	günstig	ungünstig
Geschäftliche Briefe	♊ ♍ ♎ ♒ am besten in ☉-stunden	♏ ♐ ♓ in ☉-stunden	
Überseeverbind. Briefe / Telefon / Reisen etc.	♋		
Projektplanung	♉ ♏ ♑ ♒ bei ☽	♉ ♏ ♑ ♒	♋ ♎ ♓ bei ☾
Vollenden von Plänen und Projekten	2. Haus im synod. MU		
Budgetplanung	♉ ♑ bei ☽		♋ ♓ ☾
Einkaufsplanung	♍ ♑		
Wareneinkauf (in ☿-stunden)	2. Tag ♈ + ♉ Mond im 3. Viertel	♊ ♍ ♐ ♓	
Innovative Forschung	7. + 25. Tag d. sider. MU		
Erfindungen	♒ + 25. Tag d. sider. MU		
Besprechung / Konferenz / Präsentation	♈ ♊ ♍ ♏ bei ☽	☽	☾
Einstellung von Personal	♈ ♋ ♍	♉ ♊ ♍ ♓	♏ ♑ ♒
Mitarbeiter begeistern	11. und 13. Mondaufenthalt		
Schulung / Seminare / Vorträge	Sonntag / Mittw. / Donnerstag in ☿-stunden		
Geld-, Bank- und Wechselgeschäfte	♉ ♋ ♏ ♑ am besten in ♃-stunden	♊ ♍ ♐	1. T. ♐ 1. T. + 2. Tag ♑ / 22. Tag sid. MU
Geldangelegenheiten regeln	♉ ♍ ♑ bei ☽ am besten in ♃-stunden	2. Tag ♈	♋ ♏ ♓ bei ☾ + ○ VM
Kredite / Geld borgen (in ♃-stunden)	1. Tag ♍ + 2. Tag ♎ + 3. Tag ♑		gen. in ♄-std., ♓, 2.T. ♏/♐, 1.T. ♑/♒+22.T.
Geldanlagen (in ♃-stunden)	1. Tag ♍ + 2. Tag ♎ + 2. Tag ♐		bei ☾ + ○ VM, ♓, 2. T. ♏, 1. T. ♐/♑/♒
Geldverleih (in ♃-stunden)	1. Tag ♍ + 2. Tag ♎		gen. in ♄-std., ♓, 2.T. ♏, 1.T. ♑/♒ + 22. T.
Außenstände / Schulden einfordern	♈ ♒ ♓ in ♃-stunden	♊ ♌ ♎	♉ ♋ ♍ ♏ ♐ ♑
Kredite / Schulden begleichen	1. Tag ♍ + 2. Tag ♎ + 3. Tag ♑ in ♃-stunden	♊ ♑ ♓	♈ ♉ ♋ ♌ ♍ ♏ ♐
Kauf / Verkauf von Immobilien	am besten in ♄-stunden + Vierer-Monat		♑ ♍ + ☿-stunden
Einzug in neue Geschäftsräume	♒		
Versteigerungen besuchen	● NM	♈ ♋ ♎ ♑ bei ☽	☾

Geschäftsreisen, Rechtsangelegenheiten

Aktivitäten	bester Starttermin	günstig	ungünstig
Reiseplanung	♍ ♑ bei ☽	♍ ♑	☾
Reiseverträge unterzeichnen	in ☿-stunden		22. Tag d. sider. Mondumlaufs
Kurze Geschäftsreisen mit Auto / Bus	♎ ♐ in ☾-stunden		○ VM
Lange Reisen auf dem Landweg	♍ ♒ in ☾ / ☿ / ☾-stunden		○ VM
Geschäftsreise / Schiff	♍ ♎ in ☾ / ♒ in ♀ / ☿ / ☾-stunden		○ VM
Geschäftsreise / Flugzeug	♎ ♒ in ♀ / ☿ / ☾-stunden		○ VM
Einkauf von Auto und Maschinen	Dienstag in ♂-stunden + ♈		♐ ♓
Inbetriebnahme eines Fahrzeugs			♎
Kauf von Computer / Hardware und Software	♊ ♎ ♒ in ☿-stunden		♓
Geschäftserweiterung	♊ ♌ im ☽ + 1. Tag ♈	♈ ♉ ♏ ♐ ♒ im ☽	1. Tag ♓
Abschluss von Verträgen / Urkunden	♍ ♓ in ☿-stunden		gener. in ♂- + ♄-stund. + ♋ ♏ + 22. / 28. Tag
Vorsprache bei Behörden	♌ ♐ am besten in ♃-stunden		♋ ♏ ♑ ♓
Verhandl. mit Beamten / soz. Höhergestellten	allg. in ☉-stunden + ♌ 7. + 10 T. d. sider. MU		in ♄-stunden
Rechtsangelegenheiten	♌ ♐ am besten in ♃-stunden		♋ ♏ ♑ ♓
Prozessbeginn	♋ ♐ am besten in ♃-stunden		♏ + im 1. + 9. + 10. + 15. + 19. + 20. + 28. Mondhaus

Freundschaft, Liebe, Familie

Aktivitäten	bester Starttermin	günstig	ungünstig
Besuche bei Freunden und Verwandten	♋ ♌ ♓	♉ ♎ ♐	
Freundschaften beginnen	Freitag in ♀-stunden + ♉ ♎ + 3. Tag ♑	♊ ♌ ♐	gen. in ♂- + ♄-stunden + ♈ ♑ 2. Tag ♏
Freundschaften festigen	♉		
Feste und Partys für den Freundeskreis	♊ ♎ ♒ ♌ bei ☾	♊ ♎ ♒ ♌ ♉	♋ ♑
Erringen von Gunst und Sympathie	Sonntag in ☉-stunden		
Bekanntschaften / Partnersuche	Freitag in ♀-stunden + ♊ ♎ ♐ + 2. Tag ♑		gen. in ♂-stunden + ♉ ♍ + ♑ in ♄-stunden
Essen zu Zweit	♋ ♓ bei ☾	♉ ♒	♈ besonders in ♂-stunden
Erfolg in der Liebe / Flirten und Erobern	Freitag in ♀-stunden + 3. Tag ♋ + 1. Tag ♒ + ♐	♈ ♌	in ♂-stunden + 2. Tag ♋
Ausflüge machen	♋ ♓ bei ☾	♉ ♒	♈ besonders in ♂-stunden
Erste Intimkontakte (Freitag in ♀-stunden)	3. Tag ♈ / 2. Tag ♌ / 1. + 2. Tag ♒	♈ ♉ ♌ ♎ ♏ ♐	gen. in ♂- + ♄-stunden + ○ VM + 2. Tag ♌
Streitigkeiten schlichten / Aussprachen	♎ ♐	♑	♈ ♉ besonders in ☾-stunden
Versöhnung (generell am Sonntag in ☉-stunden)	♓ + 11. Tag des sider. MU	14. Haus d. synod. MU	
Die Liebe pflegen und festigen	Freitag in ♀-stunden		in ♂-stunden
Zukunftspläne schmieden	♉ ♐ ♒		
Priestersegen für Verlobung, Heirat, Haus etc.	in ♃-stunden		
Verlobung	Freitag in ♀-stunden + 25. Tag d. sider. MU		
Eheringe kaufen	♌ in ♀-stunden		♏ ♑ ♒
Heirat	♉ bei ☽ + ◡	♎ ♐ ♑ bei ☽ + ◡	bei ☾ + ● NM + ♏ ♑
Ehevertrag			generell in ♄-stunden
Behebung von Impotenz / Stärkung der Potenz	Dienstag in ♂-stunden + 25. Tag d. sider. MU		
Empfängnis (Do. in ♀-stunden + Fr. in ♃-stunden)	♊ bei ☽ in ♂-stunden + 3. Haus Vormittag 11^{00}		
Taufe			bei ☾ im 15. / 19. / 20. / 28. Haus d. synod. MU
Verborgenes, Verlegtes, Verlorenes auffinden	Montag in ☾-stunden + 2. + 5. Haus d. synod. MU		
Glücksspiele / Lotto, Toto etc.	Mittwoch in ☿-stunden + 2. Tag ♈ + ♒		

Freizeit und Einkauf

Aktivitäten	bester Starttermin	günstig	ungünstig
Kunstgewerbliche Arbeiten / Basteln	♉ ♋ ♒ bei ☾	♉ ♋ ♒	♑
Oper / Konzert	♉	♌ ♎ ♒	
Theaterbesuch	♊ ♑	♈ ♎ ♒	♋
Gesellschaften, Tanzen	♓ bei ☾	♌ ♎ ♒	♋ ♑
Saunabesuch	♈ ♌ ♐ bei ☾	☾	○ VM
Spaziergänge	♈ ♋ ♐		
Ausruhen	♋ bei ☽	☽	♈ ♌ ♐ bei ☾
Entspannen / Träumen	♋ ♏ ♓ bei ☽	♋ ♏ ♓	♈ ♌ ♉ bei ☾
Meditation (Mi. + Sa. in ☿-stunden / Mi. in ♄-stunden)	♏ ♓ + Sa. in ♃-stunden	♋	
Seine Hobbys pflegen	♉ ♋	♊	
Inspiration für die Hobbyküche	♋ ♉ ♍ ♌ ♎		
Haushaltsplanung	♉ ♑ bei ☽		♋ ♓ bei ☾
Einkaufen für den Haushalt	♋ ♍ ♑	♎	
Einkauf von Modeartikeln	♎ ♏ ♒		2. Tag ♑
Einkauf von Lederwaren und Schuhen	♑		
Einkauf von Kleidung	♉ ♍ ♏ ♎ ♑ bei ☽	♉ ♌ ♍ ♏	♋ ♒ ♓
Schmuckkauf (Gold)	♎		♏ ♑ ♒ ♓
Schmuck- und Schutzsteine kaufen	♎		♏ ♑
Einkauf von Musikinstrumenten	♎		
Einkauf von Computer / Hardware	♊ ♎ ♒ in ☿-stunden		♓
Einkauf von Computer / Software	♊ ♎ ♒ in ☿-stunden		♓
Einkauf von Auto und Maschinen	Dienstag in ♂-stunden + ♈		♐ ♓
Inbetriebnahme eines Fahrzeugs			♎

Reisen, Finanzen, Rechtsangelegenheiten

Aktivitäten	bester Starttermin	günstig	ungünstig
Reisen ins Gebirge			gen. b. ○ VM +
Lange Reisen auf dem Landweg			gen. b. ○ VM +
Reisen ans Meer			gen. b. ○ VM / in ♀-stund. +
Reisen mit dem Schiff			gen. b. ○ VM +
Flugreisen	(in ♀ / ☿ / ☽-stunden)	in ♀ / ☿ / ☽-stund.	gen. b. ○ VM + in ♂ / ♃ / ☉-stund.
Region / Land wechseln / Auswandern	13. Haus im synod. Mondumlauf		
Kur / Rehabilitationsmaßnahmen			
Große Anschaffungen	bei ☽, kurz vor ● NM	24. Tag d. sider. MU	bei ○ VM
Geld borgen / Kreditaufnahme	1. Tag / 2. Tag + / 3. Tag		gen. in ♄-std., 2.T., 1.T. + 22.T.
Geld verleihen (in ♃-stunden)	1. Tag / 2. Tag		gen. in ♄-std., 2.T., 1.T. + 22.T.
Geldanlagen (am besten in ♃-stunden)	1. Tag + 2. Tag + 22. Haus	bei ☽	bei ☽ (+ ○ VM, 1.T., 2. Tag
Kredite / Schulden begleichen	1. Tag + 2. Tag + 3. Tag in ♃-stunden		
Schulden einfordern (am besten in ♃-stunden)	in ♃-stunden		
Behördengänge (allgem. in ☉ + ♃-stunden)	allg. in ☉-stund. + 7. + 10 Tag d. sider. MU		in ♄-stunden
Beamten / sozial Höhergestellten	11. + 25 Tag des sider. Monduml. in ♃-stunden		
Erbschaftsangelegenheiten	in ♃-stunden		
Verträge unterzeichnen	in ☿-stunden		gen. in ♂ + ♄-stund. + 22. / 28. Tag
Rechtsangelegenheiten / allgemein	allgem. in ♃-stunden +		
Trennung / Scheidung	2. Tag + 21. + 23. Haus in ♃-stunden		1. Tag
Prozessbeginn	in ♃-stunden	in ♃-stunden	+ 1. / 9. / 10. / 15. / 19. / 20. / 28. Haus
Urlaubs- und Reiseplanung	bei ☽		bei ☽
Reiseverträge unterzeichnen	in ☿-stunden		gen. in ♂ + ♄-stund. + 22. / 28. Tag
Kurze Reisen mit Auto / Bus	in ☿-stunden		bei ○ VM

182

Jahresplanung 2001 1. Halbjahr

Januar

			Moon
1	Mo		
2	Di		☽
3	Mi		
4	Do		
5	Fr		
6	Sa		
7	So		
8	Mo		
9	Di		○
10	Mi		
11	Do		
12	Fr		
13	Sa		
14	So		
15	Mo		
16	Di		☾
17	Mi		
18	Do		
19	Fr		
20	Sa		
21	So		
22	Mo		
23	Di		
24	Mi		●
25	Do		
26	Fr		
27	Sa		
28	So		
29	Mo		
30	Di		
31	Mi		

Februar

			Moon
1	Do		☽
2	Fr		
3	Sa		
4	So		
5	Mo		
6	Di		
7	Mi		
8	Do		○
9	Fr		
10	Sa		
11	So		
12	Mo		
13	Di		
14	Mi		
15	Do		☾
16	Fr		
17	Sa		
18	So		
19	Mo		
20	Di		
21	Mi		
22	Do		
23	Fr		●
24	Sa		
25	So		
26	Mo		
27	Di		
28	Mi		

März

			Moon
1	Do		
2	Fr		
3	Sa		☽
4	So		
5	Mo		
6	Di		
7	Mi		
8	Do		
9	Fr		○
10	Sa		
11	So		
12	Mo		
13	Di		
14	Mi		
15	Do		☾
16	Fr		
17	Sa		
18	So		
19	Mo		
20	Di		
21	Mi		
22	Do		
23	Fr		
24	Sa		
25	So		●
26	Mo		
27	Di		
28	Mi		
29	Do		
30	Fr		
31	Sa		

April

			Moon
1	So		☽
2	Mo		
3	Di		
4	Mi		
5	Do		
6	Fr		
7	Sa		
8	So		○
9	Mo		
10	Di		
11	Mi		
12	Do		
13	Fr		
14	Sa		
15	So		☾
16	Mo		
17	Di		
18	Mi		
19	Do		
20	Fr		
21	Sa		
22	So		
23	Mo		●
24	Di		
25	Mi		
26	Do		
27	Fr		
28	Sa		
29	So		
30	Mo		☽

Mai

			Moon
1	Di		
2	Mi		
3	Do		
4	Fr		
5	Sa		
6	So		○
7	Mo		
8	Di		
9	Mi		
10	Do		
11	Fr		
12	Sa		
13	So		
14	Mo		
15	Di		☾
16	Mi		
17	Do		
18	Fr		
19	Sa		
20	So		
21	Mo		
22	Di		
23	Mi		●
24	Do		
25	Fr		
26	Sa		
27	So		
28	Mo		
29	Di		
30	Mi		☽
31	Do		

Juni

			Moon
1	Fr		☾
2	Sa		
3	So		
4	Mo		
5	Di		
6	Mi		○
7	Do		
8	Fr		
9	Sa		
10	So		
11	Mo		
12	Di		
13	Mi		
14	Do		☾
15	Fr		
16	Sa		
17	So		
18	Mo		
19	Di		
20	Mi		
21	Do		●
22	Fr		
23	Sa		
24	So		
25	Mo		
26	Di		
27	Mi		
28	Do		☽
29	Fr		
30	Sa		

Jahresplanung 2001 2. Halbjahr

Juli / August / September

Juli		August		September	
1 So		1 Mi		1 Sa	
2 Mo		2 Do		2 So	○
3 Di		3 Fr		3 Mo	
4 Mi		4 Sa	○	4 Di	
5 Do	○	5 So		5 Mi	
6 Fr		6 Mo		6 Do	
7 Sa		7 Di		7 Fr	
8 So		8 Mi		8 Sa	
9 Mo		9 Do		9 So	
10 Di		10 Fr		10 Mo	☾
11 Mi		11 Sa		11 Di	
12 Do		12 So	☾	12 Mi	
13 Fr	☾	13 Mo		13 Do	
14 Sa		14 Di		14 Fr	
15 So		15 Mi		15 Sa	
16 Mo		16 Do		16 So	
17 Di		17 Fr		17 Mo	●
18 Mi		18 Sa		18 Di	
19 Do		19 So	●	19 Mi	
20 Fr		20 Mo		20 Do	
21 Sa	●	21 Di		21 Fr	
22 So		22 Mi		22 Sa	
23 Mo		23 Do		23 So	
24 Di		24 Fr		24 Mo	☽
25 Mi		25 Sa	☽	25 Di	
26 Do		26 So		26 Mi	
27 Fr	☽	27 Mo		27 Do	
28 Sa		28 Di		28 Fr	
29 So		29 Mi		29 Sa	
30 Mo		30 Do		30 So	
31 Di		31 Fr			

Oktober / November / Dezember

Oktober		November		Dezember	
1 Mo		1 Do	○	1 Sa	
2 Di	○	2 Fr		2 So	
3 Mi		3 Sa		3 Mo	
4 Do		4 So		4 Di	
5 Fr		5 Mo		5 Mi	
6 Sa		6 Di		6 Do	
7 So		7 Mi		7 Fr	☾
8 Mo		8 Do	☾	8 Sa	
9 Di		9 Fr		9 So	☽
10 Mi	☾	10 Sa		10 Mo	
11 Do		11 So		11 Di	
12 Fr		12 Mo	☽	12 Mi	
13 Sa		13 Di		13 Do	
14 So		14 Mi		14 Fr	●
15 Mo		15 Do	●	15 Sa	
16 Di	●	16 Fr		16 So	
17 Mi		17 Sa		17 Mo	
18 Do		18 So		18 Di	
19 Fr		19 Mo		19 Mi	
20 Sa		20 Di		20 Do	
21 So		21 Mi		21 Fr	☼○
22 Mo		22 Do		22 Sa	☽
23 Di	☽	23 Fr	☽	23 So	
24 Mi		24 Sa		24 Mo	
25 Do		25 So		25 Di	
26 Fr		26 Mo		26 Mi	
27 Sa		27 Di		27 Do	
28 So		28 Mi		28 Fr	
29 Mo		29 Do		29 Sa	
30 Di		30 Fr	○	30 So	○
31 Mi				31 Mo	

Jahresplanung 2002 1. Halbjahr

Januar	Februar	März
1 Di	1 Fr	1 Fr
2 Mi	2 Sa	2 Sa
3 Do	3 So	3 So
4 Fr	4 Mo	4 Mo
5 Sa	5 Di	5 Di
6 So	6 Mi	6 Mi
7 Mo	7 Do	7 Do
8 Di	8 Fr	8 Fr
9 Mi	9 Sa	9 Sa
10 Do	10 So	10 So
11 Fr	11 Mo	11 Mo
12 Sa	12 Di	12 Di
13 So	13 Mi	13 Mi
14 Mo	14 Do	14 Do
15 Di	15 Fr	15 Fr
16 Mi	16 Sa	16 Sa
17 Do	17 So	17 So
18 Fr	18 Mo	18 Mo
19 Sa	19 Di	19 Di
20 So	20 Mi	20 Mi
21 Mo	21 Do	21 Do
22 Di	22 Fr	22 Fr
23 Mi	23 Sa	23 Sa
24 Do	24 So	24 So
25 Fr	25 Mo	25 Mo
26 Sa	26 Di	26 Di
27 So	27 Mi	27 Mi
28 Mo	28 Do	28 Do
29 Di		29 Fr
30 Mi		30 Sa
31 Do		31 So

April	Mai	Juni
1 Mo	1 Mi	1 Sa
2 Di	2 Do	2 So
3 Mi	3 Fr	3 Mo
4 Do	4 Sa	4 Di
5 Fr	5 So	5 Mi
6 Sa	6 Mo	6 Do
7 So	7 Di	7 Fr
8 Mo	8 Mi	8 Sa
9 Di	9 Do	9 So
10 Mi	10 Fr	10 Mo
11 Do	11 Sa	11 Di
12 Fr	12 So	12 Mi
13 Sa	13 Mo	13 Do
14 So	14 Di	14 Fr
15 Mo	15 Mi	15 Sa
16 Di	16 Do	16 So
17 Mi	17 Fr	17 Mo
18 Do	18 Sa	18 Di
19 Fr	19 So	19 Mi
20 Sa	20 Mo	20 Do
21 So	21 Di	21 Fr
22 Mo	22 Mi	22 Sa
23 Di	23 Do	23 So
24 Mi	24 Fr	24 Mo
25 Do	25 Sa	25 Di
26 Fr	26 So	26 Mi
27 Sa	27 Mo	27 Do
28 So	28 Di	28 Fr
29 Mo	29 Mi	29 Sa
30 Di	30 Do	30 So
	31 Fr	

Jahresplanung 2002 2. Halbjahr

Juli / August / September

Juli		August		September	
1 Mo		1 Do		1 So	
2 Di		2 Fr		2 Mo	
3 Mi		3 Sa		3 Di	
4 Do		4 So		4 Mi	
5 Fr		5 Mo		5 Do	
6 Sa		6 Di		6 Fr	
7 So		7 Mi		7 Sa	
8 Mo		8 Do		8 So	
9 Di		9 Fr		9 Mo	
10 Mi		10 Sa		10 Di	
11 Do		11 So		11 Mi	
12 Fr		12 Mo		12 Do	
13 Sa		13 Di		13 Fr	
14 So		14 Mi		14 Sa	
15 Mo		15 Do		15 So	
16 Di		16 Fr		16 Mo	
17 Mi		17 Sa		17 Di	
18 Do		18 So		18 Mi	
19 Fr		19 Mo		19 Do	
20 Sa		20 Di		20 Fr	
21 So		21 Mi		21 Sa	
22 Mo		22 Do		22 So	
23 Di		23 Fr		23 Mo	
24 Mi		24 Sa		24 Di	
25 Do		25 So		25 Mi	
26 Fr		26 Mo		26 Do	
27 Sa		27 Di		27 Fr	
28 So		28 Mi		28 Sa	
29 Mo		29 Do		29 So	
30 Di		30 Fr		30 Mo	
31 Mi		31 Sa			

Oktober / November / Dezember

Oktober		November		Dezember	
1 Di		1 Fr		1 So	
2 Mi		2 Sa		2 Mo	
3 Do		3 So		3 Di	
4 Fr		4 Mo		4 Mi	
5 Sa		5 Di		5 Do	
6 So		6 Mi		6 Fr	
7 Mo		7 Do		7 Sa	
8 Di		8 Fr		8 So	
9 Mi		9 Sa		9 Mo	
10 Do		10 So		10 Di	
11 Fr		11 Mo		11 Mi	
12 Sa		12 Di		12 Do	
13 So		13 Mi		13 Fr	
14 Mo		14 Do		14 Sa	
15 Di		15 Fr		15 So	
16 Mi		16 Sa		16 Mo	
17 Do		17 So		17 Di	
18 Fr		18 Mo		18 Mi	
19 Sa		19 Di		19 Do	
20 So		20 Mi		20 Fr	
21 Mo		21 Do		21 Sa	
22 Di		22 Fr		22 So	
23 Mi		23 Sa		23 Mo	
24 Do		24 So		24 Di	
25 Fr		25 Mo		25 Mi	
26 Sa		26 Di		26 Do	
27 So		27 Mi		27 Fr	
28 Mo		28 Do		28 Sa	
29 Di		29 Fr		29 So	
30 Mi		30 Sa		30 Mo	
31 Do				31 Di	

Jahresplanung 2003 1. Halbjahr

Januar

1	Mi				
2	Do		●		
3	Fr				
4	Sa				
5	So				
6	Mo				
7	Di				
8	Mi				
9	Do				
10	Fr		☽		
11	Sa				
12	So				
13	Mo				
14	Di				
15	Mi				
16	Do				
17	Fr				
18	Sa		○		
19	So				
20	Mo				
21	Di				
22	Mi				
23	Do				
24	Fr				
25	Sa		◑		
26	So				
27	Mo				
28	Di				
29	Mi				
30	Do				
31	Fr				

Februar

1	Sa		●		
2	So				
3	Mo				
4	Di				
5	Mi				
6	Do				
7	Fr				
8	Sa				
9	So		☽		
10	Mo				
11	Di				
12	Mi				
13	Do				
14	Fr				
15	Sa				
16	So				
17	Mo		○		
18	Di				
19	Mi				
20	Do				
21	Fr				
22	Sa				
23	So		◑		
24	Mo				
25	Di				
26	Mi				
27	Do				
28	Fr				

März

1	Sa				
2	So				
3	Mo		●		
4	Di				
5	Mi				
6	Do				
7	Fr				
8	Sa				
9	So				
10	Mo				
11	Di		☽		
12	Mi				
13	Do				
14	Fr				
15	Sa				
16	So				
17	Mo				
18	Di		○		
19	Mi				
20	Do				
21	Fr				
22	Sa				
23	So				
24	Mo				
25	Di		◑		
26	Mi				
27	Do				
28	Fr				
29	Sa				
30	So				
31	Mo				

April

1	Di		●		
2	Mi				
3	Do				
4	Fr				
5	Sa				
6	So				
7	Mo				
8	Di				
9	Mi				
10	Do		☽		
11	Fr				
12	Sa				
13	So				
14	Mo				
15	Di				
16	Mi		○		
17	Do				
18	Fr				
19	Sa				
20	So				
21	Mo				
22	Di				
23	Mi		◑		
24	Do				
25	Fr				
26	Sa				
27	So				
28	Mo				
29	Di				
30	Mi				

Mai

1	Do		●		
2	Fr				
3	Sa				
4	So				
5	Mo				
6	Di				
7	Mi				
8	Do				
9	Fr		☽		
10	Sa				
11	So				
12	Mo				
13	Di				
14	Mi				
15	Do				
16	Fr		○		
17	Sa				
18	So				
19	Mo				
20	Di				
21	Mi				
22	Do				
23	Fr		◑		
24	Sa				
25	So				
26	Mo				
27	Di				
28	Mi				
29	Do				
30	Fr				
31	Sa		●		

Juni

1	So				
2	Mo				
3	Di				
4	Mi				
5	Do				
6	Fr				
7	Sa		☽		
8	So				
9	Mo				
10	Di				
11	Mi				
12	Do				
13	Fr				
14	Sa		○		
15	So				
16	Mo				
17	Di				
18	Mi				
19	Do				
20	Fr				
21	Sa		◑		
22	So				
23	Mo				
24	Di				
25	Mi				
26	Do				
27	Fr				
28	Sa				
29	So		●		
30	M				

187

Jahresplanung 2003 2. Halbjahr

Juli

Tag		Mond
1	Di	
2	Mi	
3	Do	
4	Fr	
5	Sa	
6	So	
7	Mo	☽
8	Di	
9	Mi	
10	Do	
11	Fr	
12	Sa	⌒
13	So	○
14	Mo	
15	Di	
16	Mi	
17	Do	
18	Fr	
19	Sa	
20	So	
21	Mo	☾
22	Di	
23	Mi	
24	Do	
25	Fr	
26	Sa	
27	So	⌒
28	Mo	
29	Di	●
30	Mi	
31	Do	

August

Tag		Mond
1	Fr	●
2	Sa	
3	So	
4	Mo	
5	Di	☽
6	Mi	
7	Do	
8	Fr	
9	Sa	⌒
10	So	
11	Mo	
12	Di	○
13	Mi	
14	Do	
15	Fr	
16	Sa	
17	So	
18	Mo	
19	Di	
20	Mi	☾
21	Do	
22	Fr	
23	Sa	⌒
24	So	
25	Mo	
26	Di	
27	Mi	●
28	Do	
29	Fr	
30	Sa	
31	So	

September

Tag		Mond
1	Mo	
2	Di	
3	Mi	☽
4	Do	
5	Fr	⌒
6	Sa	
7	So	
8	Mo	
9	Di	
10	Mi	○
11	Do	
12	Fr	
13	Sa	
14	So	
15	Mo	
16	Di	
17	Mi	
18	Do	☾
19	Fr	⌒
20	Sa	
21	So	
22	Mo	
23	Di	
24	Mi	
25	Do	
26	Fr	●
27	Sa	
28	So	
29	Mo	
30	Di	

Oktober

Tag		Mond
1	Mi	
2	Do	☽ ⌒
3	Fr	
4	Sa	
5	So	
6	Mo	
7	Di	
8	Mi	
9	Do	
10	Fr	○
11	Sa	
12	So	
13	Mo	
14	Di	
15	Mi	
16	Do	
17	Fr	⌒
18	Sa	☾
19	So	
20	Mo	
21	Di	
22	Mi	
23	Do	
24	Fr	
25	Sa	●
26	So	
27	Mo	
28	Di	
29	Mi	⌒
30	Do	
31	Fr	

November

Tag		Mond
1	Sa	☽
2	So	
3	Mo	
4	Di	
5	Mi	
6	Do	
7	Fr	
8	Sa	
9	So	○
10	Mo	
11	Di	
12	Mi	
13	Do	⌒
14	Fr	
15	Sa	
16	So	
17	Mo	☾
18	Di	
19	Mi	
20	Do	
21	Fr	
22	Sa	
23	So	
24	Mo	●
25	Di	
26	Mi	⌒
27	Do	
28	Fr	
29	Sa	
30	So	☽

Dezember

Tag		Mond
1	Mo	
2	Di	
3	Mi	
4	Do	
5	Fr	
6	Sa	
7	So	
8	Mo	○
9	Di	
10	Mi	⌒
11	Do	
12	Fr	
13	Sa	
14	So	
15	Mo	
16	Di	☾
17	Mi	
18	Do	
19	Fr	
20	Sa	
21	So	☼()
22	Mo	
23	Di	● ⌒
24	Mi	
25	Do	
26	Fr	
27	Sa	
28	So	
29	Mo	
30	Di	☽
31	Mi	

Terminplanung, Ziele, eigene Erfahrungen

Vorbereitungen für die Terminplanung

Zuerst stellen wir fest, in welchem Jahr des Neunjahreszyklus wir gerade sind und errechnen dazu die persönliche Jahreszahl. Addieren Sie die Zahlen Ihres Geburtstages (Tag und Monat) und das Jahr, in dem Sie gerade sind (diese Berechnung gilt auch für alle anderen Jahre, die Sie ermitteln wollen).

Geburtsdatum $\square$ + $\square$ + $\square$ + $\square$ + $\square$ + $\square$ + $\square$ + $\square$ = $\square\square$ Quersumme

              Tag   Monat   entsprechendes Jahr

Reduzieren Sie die zweistellige Quersumme auf eine einstellige Zahl als Endsumme.

Quersumme $\square$ + $\square$ = $\square$ Persönliches Jahr

Wie lautet das Thema dieses Jahres?

....+..

(z. B. Kreativität + Zuversicht für das 1. Jahr)

Ermitteln Sie jetzt die Zahlen für die einzelnen Monate dieses Jahres. Falls Sie die Monate auch für das nächste Jahr berechnen wollen, dann bedenken Sie, dass die Berechnung beim Jahreswechsel – an Ihrem Geburtstag – mit der nächsten persönlichen Jahreszahl beginnt (also persönliche Jahreszahl + 1 für Januar).

persönl. Jahr   Monat

$\square$ + $\square$ + $\square$ = $\square\square$ temporäre Monatszahl für ....

$\square$ + $\square$ + $\square$ = $\square\square$ temporäre Monatszahl für ....

$\square$ + $\square$ + $\square$ = $\square\square$ temporäre Monatszahl für ....

$\square$ + $\square$ + $\square$ = $\square\square$ temporäre Monatszahl für ....

$\square$ + $\square$ + $\square$ = $\square\square$ temporäre Monatszahl für ....

$\square$ + $\square$ + $\square$ = $\square\square$ temporäre Monatszahl für ....

$\square$ + $\square$ + $\square$ = $\square\square$ temporäre Monatszahl für ....

persönl. Jahr   Monat

☐ + ☐ + ☐ = ☐☐ temporäre Monatszahl für . . . .

☐ + ☐ + ☐ = ☐☐ temporäre Monatszahl für . . . .

☐ + ☐ + ☐ = ☐☐ temporäre Monatszahl für . . . .

☐ + ☐ + ☐ = ☐☐ temporäre Monatszahl für . . . .

☐ + ☐ + ☐ = ☐☐ temporäre Monatszahl für . . . .

Wünsche und Ziele: Eine Analyse

Was sind meine drei wichtigsten Wünsche/Ziele (beruflich + privat)?
1. . . . . 2. . . . . 3. . . . .
Welches Ziel kann in diesem Jahr begonnen werden?
Welche Qualität erhoffe ich mir durch den Erhalt des Gegenstands oder
der Sache (Freiheit, Lebendigkeit, Anerkennung, Liebe, Inneren Frieden
usw.)?
Mit welchen Möglichkeiten könnte ich diese Qualität gleich jetzt erfahren?
Worin besteht die Essenz, die ich durch das Gewünschte zu bekommen
hoffe (z. B. ein neues Haus repräsentiert meinen Wunsch nach mehr
Raum, mehr Sonne, Privatsphäre, ruhigerer Umgebung usw.)?
Gibt es noch andere Möglichkeiten, wie ich zu dieser Essenz kommen
könnte? (Sich Klarheit darüber zu verschaffen, was Sie erfüllt und befrie-
digt, ist ein machtvoller Aspekt, um es zu erreichen.)
Überprüfen Sie, ob Ihr Ziel für Ihre persönliche Entwicklung vorteilhaft
und wünschenswert ist.
Stellen Sie sich vor, welche Folgen es in der Zukunft haben wird, wenn
Sie Ihr Ziel verwirklichen. Überlegen Sie, ob die möglichen Folgen Ihre
Lebensqualität und Ihre Persönlichkeit nicht zu stark beeinträchtigen.
Wenn Sie sich entschieden haben und davon überzeugt sind, dass Ihr
Ziel es wert ist, Ihre Energie darauf zu richten, um es zu erreichen, dann
geben Sie diesem Ziel Priorität.

Was hinderte mich bisher daran, diesen Wunsch zu verwirklichen?

War es ein fehlendes Konzept oder haben Sie nur nicht gehandelt? Versuchen Sie zu viele Dinge gleichzeitig zu tun oder fixieren Sie sich zu sehr auf eine Sache, sodass Sie zu nichts anderem mehr kommen? Malen Sie sich immer die schlimmsten Möglichkeiten aus oder lassen Sie sich von den Befürchtungen anderer beeinflussen?

> *Der Mensch wird mit nichts konfrontiert,*
> *was er nicht seiner Natur nach meistern kann.*
>
> Markus Aurelius Antonius

Im Klartext heißt das, dass jeder von uns zu seinen Aufgaben auch die entsprechenden Fähigkeiten mitbekommen hat, um sie bewältigen zu können. Zudem wachsen wir an und mit unseren Aufgaben.

Wenn Ihr Ziel ein berufliches oder geschäftliches ist, muss Ihr Vorhaben auch für andere von Nutzen sein.

Welchen Nutzen haben andere daraus?

Ist es ein echtes Bedürfnis oder muss erst Interesse dafür geweckt werden?

Welche Zielgruppen kommen für Ihre Idee in Frage?

Was brauche ich zur Realisierung?

Welche Informationen benötige ich noch?

Welche Informationsquellen gibt es dazu?

Checkliste

Welche Bildungsergänzung ist notwendig (Kurse, Seminare, Weiterbildung, Umschulung)?

Welcher Zeitraum wird dafür benötigt?

Welche Ausrüstung, Mittel und Hilfen sind erforderlich?

Was ist davon schon vorhanden?

Welche finanziellen Mittel sind notwendig?

Was steht bereits zu Verfügung (Sparguthaben, Wertpapiere etc.)?

Mögliche finanzielle Hilfen (Familie, Verwandte, Freunde usw.)?

Welche Institutionen können bei der Finanzierung hilfreich sein (mit Informationen, Unterstützung)? 1. . . . . . . 2. . . . . . . 3. . . . . . . 4. . . . .

Finanzierungshilfen aus öffentlichen Förderprogrammen (Berufsverbände, Kammern, öffentliche Hand, Bund und Länder)?
1. . . . . . . 2. . . . . . . 3. . . . . . . 4. . . . . . .
Öffentliche Bürgschaften (Berufsverbände, Bund und Länder)?
Wäre eine private Beteiligung oder Partnerschaft vorteilhaft?
Wenn ja, wer käme dafür in Frage?
Ist eventuell eine öffentliche Beteiligung möglich?
Welche Beziehungen könnte ich nutzen? 1. . . . . . 2. . . . . . 3. . . . . . 4. . . . . .
Welche Vorbereitungen sind zu treffen (Vorsprache bei einflussreichen Personen, Behörden, Banken, fachliche und juristische Beratung etc.)?
Womit kann ich schon jetzt beginnen?

Terminplanung

Aus- und Weiterbildung:

Beginn der Bildungsmaßnahme . . . . alternativ . . . .

Vorsprache bei Behörden:

Bezeichnung . . . . Termin . . . . alternativ . . . .

Vorsprache bei Höhergestellten und einflussreichen Personen (um Hilfe, Protektion oder Unterstützung zu erreichen):

Bezeichnung . . . . Termin . . . . alternativ . . . .

Einladungen an Freunde oder Verwandte (um Hilfe und Unterstützung zu erhalten):

Bezeichnung . . . . Termin . . . . alternativ . . . .

Fachliche Beratung:

Bezeichnung . . . . Termin . . . . alternativ . . . .

Verhandlungen mit Banken:

Bezeichnung . . . . Termin . . . . alternativ . . . .

Juristische Beratung:

Bezeichnung . . . . Termin . . . . alternativ . . . .

Unterzeichnung von Verträgen:

Bezeichnung . . . . Termin . . . . alternativ . . . .

Reisen:

Bezeichnung . . . . Termin . . . . alternativ . . . .

Termin für den tatsächlichen Beginn des Vorhabens:

Welcher Monat eignet sich dafür? . . . . alternativ . . . .
(laut temporärer Monatszahl)

Welcher Tag und welche Stunde? . . . . alternativ . . . .
(unter Berücksichtigung der Tages- u. Stundenqualität sowie des Mondstandes)

Ziele im Neunjahreszyklus

In welchen Jahren des Neunjahreszyklus wäre die Verwirklichung der zwei übrigen Ziele möglich?
Ziel 2: . . . . Jahr   Ziel 3: . . . . Jahr
Welche Vorbereitungen kann ich dafür schon jetzt beginnen?
Welche Informationen benötige ich noch?   zu 2. _____
                                             zu 3. _____
Welche Beziehungen könnte ich nutzen?   zu 2. _____
                                             zu 3. _____
Womit kann ich schon jetzt beginnen?   zu 2. _____
                                             zu 3. _____
Welche Vorbereitungen sind zu treffen?   zu 2. _____
                                             zu 3. _____

Finanzierung

Notwendiges Kapital:
vorhanden . . . . Fehlbetrag . . . .
(für Ihr Ziel, z. B. Gründung eines Geschäfts)
Mögliche finanzielle Hilfen: . . . .
(Zuwendungen oder Darlehen von Verwandten)

Welche Institutionen können bei der Finanzierung hilfreich sein (z. B. bei Existenzgründung: Behörden, Kammern, Verbände)?

zu 1. _____

zu 2. _____

zu 3. _____

Sparplan:
Monatlicher Betrag .... DM/Euro mal .... (Anzahl der Monate) ergibt Summe .... DM/Euro

Weitere Vorbereitungsmaßnahmen:

Der günstigste Starttermin zu 1. .... alternativ ....

Der günstigste Starttermin zu 2. .... alternativ ....

zu 3. .... alternativ ....

Eigene Erfahrungen

Meine eigenen Erfahrungen mit dem Neunjahreszyklus
Allgemein:
im Bereich Beruf und Finanzen:
im Bereich Partnerschaft und Familie:
Datum:

Meine eigenen Erfahrungen mit den temporären Monatsschwingungen
Allgemein:
im Bereich Beruf und Finanzen:
im Bereich Partnerschaft und Familie:
Datum:

Meine eigenen Erfahrungen mit den Mondzyklen

1. bei Neumond
Allgemein:
im Bereich Beruf und Finanzen:
im Bereich Partnerschaft:
Datum:

2. bei zunehmendem Mond
Allgemein:
im Bereich Beruf und Finanzen:
im Bereich Partnerschaft:
Datum:

3. bei Vollmond
Allgemein:
im Bereich Beruf und Finanzen:
im Bereich Partnerschaft:
Datum:

4. bei abnehmendem Mond
Allgemein:
im Bereich Beruf und Finanzen:
im Bereich Partnerschaft:
Datum:

Nachwort

Dieses Buch ist aus einer Ansammlung von Mosaikteil-
chen und einem großen Teil eigener Erfahrungen entstanden, die ich im Laufe von mehr als 7 Jahren aufgezeichnet habe.
Viele der Zitate und Textstellen haben mir persönlich Inspiration gege-
ben oder Einsichten vermittelt, die mir halfen, meine Sichtweise zu erweitern und demzufolge auch meine Realität zu verändern.
Nun wünsche ich mir, dass es mir mit diesem Buch gelungen ist, Ihnen
ein paar wertvolle Hinweise und neue Anstöße zu vermitteln. Es würde
mich freuen, wenn Sie damit experimentieren und mir Ihre eigenen Erkenntnisse daraus mitteilen würden. Selbst wenn ich einen Brief vielleicht nicht persönlich beantworte, werde ich ihn aber auf jeden Fall
lesen. Jeder Kommentar oder Beitrag ist mir als Feedback willkommen
und gibt mir neue Anregungen.
Vielleicht möchten Sie noch mehr über Numerologie oder die Qualität
der Zeit erfahren und wünschen sich Anleitung und Hilfe, dann empfehle
ich Ihnen dazu ein Wochenendseminar: »Das richtige Timing im Leben –
Wie gelange ich zur Planung der persönlichen Zeitqualität«. Termine erfahren Sie bei:

Forum zur ganzheitlichen Lebensbetrachtung
Seminare und Schulungen für spirituelle Wissenschaften
Elisabeth-Maria Puchtler von Thurn
Pavolding 3
83370 Seeon/Chiemgau
Fax: 0 86 67/80 91 96

Wenn Sie wissen, welcher Termin für welche Sache am besten geeignet
ist, können Sie sich manchen Fehlschlag ersparen. Sie können den Erfolg
mit einplanen. Das ist natürlich keine Garantie, dass Sie nun allen Hindernissen und Verlusten aus dem Weg gehen können, denn wenn wir bestimmte Erfahrungen für unsere geistige und spirituelle Entwicklung
brauchen, wird das Leben immer eine Gelegenheit finden, uns diese Er-

fahrung zu liefern. Nur durch die Überwindung von Schwierigkeiten und Hindernissen haben wir die Möglichkeit voranzukommen und zu wachsen. Doch keine Angst – das Leben ist stets großzügig und liebevoll; es stellt Ihnen keine Aufgaben, für die Sie nicht auch die Fähigkeiten besitzen, sie zu lösen.

Sie werden sich durch die Anpassung an Ihren Lebenszyklus vieles erleichtern und schließlich auch eine engere Verbindung zu Ihrer Intuition erfahren. Unabhängig davon, an was wir glauben oder wie wir unseren Gott nennen – Christus, Buddha, Allah, Manitou oder die Quelle allen Seins – wir können uns immer auf diese Schöpferkraft berufen, um Hilfe, Kraft und Führung zu erhalten. Der Nutzen, den wir daraus ziehen, ist höchst beglückend und wir können gar nicht oft genug dafür danken. Ich wünsche Ihnen von Herzen viel Glück und Erfolg!

Herzlichst   Ihr Heinrich Heumann

Danksagung

Wir werden immer mit Menschen zusammengeführt, die für unsere Entwicklung von Bedeutung sind und uns weiterhelfen können. All den lieben Menschen, die direkt oder indirekt zum Gelingen dieses Buches beigetragen haben, bin ich sehr dankbar. Mein besonderer Dank gilt Helga Zoller, die mir die Rückkehr nach Deutschland ermöglichte und hier zu einem beruflichen Start verhalf. Ganz besonders danke ich auch meiner Lehrmeisterin und Freundin Elisabeth-Maria Puchtler v. Thurn, von der ich in vielen Seminaren und zahllosen Gesprächen sehr viel gelernt habe. Ein herzliches »Dankeschön« geht auch an meinen Bruder Günter, meine wundervollen Freunde Monika Gatterer, Martina Schreyer und ihre Schwester Christina, sowie Helmut Huber und Manfred Fries, die mir ihre Warmherzigkeit und wohltuende Unterstützung bei meiner Arbeit erwiesen haben. Weiter danke ich ganz herzlich meinem Freund Hannes Probst, Autor mehrerer Bücher, für seine wertvollen Tipps und Informationen. Nicht vergessen zu danken möchte ich meinen Freunden Gabriela Pfefferkorn und Michael Schramm, in deren »Engelsladen« *Angelo* ich viele nützliche Hinweise, Anregungen und Ratschläge erhielt.

In innigstem Dank und tiefer Ehrfurcht verneige ich mich vor meinen liebevollen und fürsorglichen geistigen Helfern, die mich leiten und führen.

Literaturhinweise

■ **Numerologie:**

Adrienne, Carol: *Numerologie der Jahrtausend-Wende. Das Praxisbuch der neuen Zahlenkunde.* Heyne, München 1988

Buess, Lynn: *Zahlen als Schlüssel zum Selbst. Numerologie für das neue Zeitalter.* Freiburg 1998

Jacobi, Eleonore: *Das Praxisbuch Numerologie. Was die Geburtsdaten über die Persönlichkeit und den Lebensweg aussagen.* Verlag Hermann Bauer, München 1999

Javane, Faith und Dusty Bunker: *Zahlenmystik. Das Handbuch der Numerologie.* Goldmann, München 1995

Millman, Dan: *Die Lebenszahl als Lebensweg. Wie wir unsere Lebensbestimmung erkennen und erfüllen können.* Ansata, Interlaken 1994

■ **Tarot:**

Anraths, Renate: *Tarot – dem Leben in die Karten schauen. Die Zahlen, Bilder und Symbole.* Renate Anraths. Simon & Leutner, Berlin 1995

Banzhaf, Hajo & Akron: *Der Crowley-Tarot. Das Handbuch zu den Karten von Aleister Crowley und Lady Frieda Harris.* Kailash/Hugendubel, München 1994

■ **Mondrhythmen, Mondregeln:**

Föger, Helga: *Praxisbuch Mond. Die Anwendung des Mondkalenders im täglichen Leben.* W. Ludwig, München 1997

Paungger, Johanna und Thomas Poppe: *Aus eigener Kraft. Gesundsein und Gesundwerden in Harmonie mit Natur- und Mondrhythmen.* Goldmann, München 1993

Paungger, Johanna und Thomas Poppe: *Vom richtigen Zeitpunkt. Die Anwendung des Mondkalenders im täglichen Leben.* Heyne, München 1998

Probst, Hannes: *Mondpower. Mondstrahlen, Mondrhythmen, Mondregeln, Mondmagie und ein immerwährender Mondkalender.* Windpferd, Aitrang 1997

◼ Empfängnisplanung:

König, Uta: *Das große Buch der Fruchtbarkeit. Fit für ein Baby. Natürliche Wege zur Empfängnis. Die Fruchtbarkeits-Diät. Zyklus, Mond & Biorhythmus. Das 6-Monatsprogramm für optimale Fruchtbarkeit.* Leib & Seele Mediaconcept Ag., Zürich 1997

Marnie, Eve: *Liebesband. Vorgeburtliches Bonding. Wie die Beziehung zwischen Eltern und Kind vor der Geburt beginnt.* Verlag Alf Lüchow, Freiburg 1990

Sharamon, Shalila und Bodo J. Baginski: *Kosmobiologische Empfängnisplanung. Die natürliche und zuverlässige Methode zur Empfängnisverhütung und Empfängnisplanung.* Windpferd, Aitrang 1997

◼ Wohlstand:

Fischer, Mark: *Das innere Geheimnis des Reichtums.* Edition Tramontane/Hermann Bauer, Freiburg im Breisgau 1996

Kopmeyer, M. R.: *Wohlstandsbildung. So werden Sie wohlhabend.* Droemer Knaur, München 1982

Robbins, Anthony: *Grenzenlose Energie. Das Power-Prinzip.* Heyne, München 1992

Ponder, Catherine: *Ihr Weg in ein beglückendes Leben. Das Wohlstandsgeheimnis aller Zeiten.* Heyne, München 1992

Roman, Sanaya und Duane Packer: *Kreativ Reichtum schaffen. Der Schlüssel zur Fülle. Mit praktischen Übungsanleitungen.* Goldmann, München 1993

Taniguchi, Dr. Masahara: *Quelle des Lebens, Quelle der Freude. 365 Schlüssel zum Erfolg.* Heyne, München 1998

◼ Kreativität:

Cameron, Julia: *Der Weg des Künstlers. Ein spiritueller Pfad zur Aktivierung unserer Kreativität.* Julia Cameron. Droemer Knaur, München 1996

Cziksentmihalyi, Mihaly: *Kreativität. Wie Sie das Unmögliche schaffen und Ihre Grenzen überwinden.* Klett Cotta, Stuttgart 1997

◼ Problemlösung:

Brunton, Paul: *Entscheiden aus der Stille. Ein spiritueller Ratgeber für Menschen, die Verantwortung tragen.* Verlag Hermann Bauer, Freiburg im Breisgau 1997

Kummer, Peter: *Warum geschieht gerade das ausgerechnet mir? Ursachen und Zusammenhänge verstehen.* mvg, Landsberg am Lech 1997

Orsborn, Carol: *Alles klar bis Sonnenuntergang. Der Solved by Sunset-Prozess: Wie Sie jedes Problem im Laufe eines Tages kreativ lösen können.* Hermann Bauer, Freiburg im Breisgau 1997

▪ Engel:

Hulke, Waltraud-Maria: *Erzengel – lichtvolle Helfer. Eine Einweihung in die Liebe und das Licht der Engel.* Windpferd, Aitrang 1996

Vonzun-Steiner, Leta und Franz-Xaver Jans-Scheidegger: *Tore zum Licht – Engel sprechen.* Kösel, München 1996

Über den Autor

H einrich Heumann, Lebensberater und Seminarleiter, ist am 15. April 1943 in München geboren. Seit über fünfzehn Jahren beschäftigt er sich mit unterschiedlichen Themen der Esoterik, in den letzten acht Jahren speziell mit Numerologie und Mondzyklen. Sein Interesse an großen Kulturen und Religionen führte schon früh zu zahlreichen Reisen an historische Orte und Kultstätten in Italien, Frankreich, Spanien, Griechenland und Ägypten. Danach folgten Reisen nach Ceylon, dem heutigen Sri Lanka, Thailand, Hawaii, Micronesien, den Marshal Islands, Kiribati und den USA. Von Mitte 1994 bis April 1998 lebte der Autor auf den Philippinen, davon neun Monate in einem Trappistenkloster in den Bergen von South Cotabato, im Süden von Mindanao.

BESTELL-COUPON

für kostenlose Informationen
über das Seminar:

»Das richtige Timing im Leben –
Wie gelange ich zur Planung der persönlichen Zeitqualität?«

....

Bitte in einem Brief mit fankiertem Rückkuvert einsenden an:

Forum zur ganzheitlichen Lebensbetrachtung
Schule für spirituelle Wissenschaften
Elisabeth-Maria Puchtler von Thurn
Pavolding 3
83370 Seeon / Chiemgau

Bitte übersenden Sie mir kostenlos Informationen über das
Wochenendseminar:

☐ **»Das richtige Timing im Leben –**
Wie gelange ich zur Planung der persönlichen Zeitqualität?«

☐ (sowie Ihr komplettes Seminar-Programm
Schutzgebühr 5 DM (wird bei Teilnahme verrechnet)

_____
Name

_____
Straße

_____
PLZ / Ort

_____
Datum   Unterschrift

Bitte übersenden Sie mir kostenlos Informationen über das Wochenendseminar:

☐ **»*Das richtige Timing im Leben –***
Wie gelange ich zur Planung der persönlichen Zeitqualität?«

☐ (sowie Ihr komplettes Seminar-Programm
Schutzgebühr 5 DM (wird bei Teilnahme verrechnet)

_____

Name

_____

Straße

_____

PLZ / Ort

_____

Datum   Unterschrift